広報・PR の実務

The Practice of Public Relations

組織づくり、
計画立案から
戦略実行まで

井上戦略PRコンサルティング事務所 代表
事業創造大学院大学 客員教授
井上岳久
Inoue Takahisa

日本能率協会マネジメントセンター

はじめに

あの企業が頻繁にメディアに登場する理由

　あなたは新聞やテレビを見ていて、「この会社、よくメディアに取り上げられるな」と感じたことはありませんか？

「あの企業が新商品を発売すると、必ずテレビか新聞で取り扱われている」
「経営戦略や事業計画を発表すると、A社だけがいつも報道されている（同じことをやってもウチの会社は見向きもされない）」
「テレビの情報番組やワイドショーで"家事特集"をやると、専門家としてB社の社員が出演することが多いような気がする」
「C社の社長は、ユニークな経営者を紹介するテレビ番組や新聞記事によく出ているな」
「"子育て中の女性社員が働きやすい企業"というと、必ずD社が取り上げられるので、私の頭のなかでもすっかりそのイメージが定着してしまった」
「またバラエティー番組にE社の商品が出てる！　明日から売り上げアップ間違いなしでしょうね。品切れの店も出てくるかも……」

　たとえばこんなふうに、新聞、テレビ、雑誌、ラジオなどのメディアに頻繁に露出し、企業（あるいは商品）の知名度やポジティブなイメージが高まる現象の陰には、ほぼ間違いなく"広報のチカラ"が潜んでいます。

「それならぜひ、うちの会社でも取り組みたい！」

　そのような方々のために書き下ろしたのが本書です。

「広報」と深く携わり続け見出したメソッド

　キーワードは「戦略広報」です。
「戦略広報」について説明する前に、簡単に自己紹介をさせてください。
　私と広報のつながりの原点は、2001年に横浜・伊勢佐木町でオープンし、2007年に惜しまれながら閉館したカレーのテーマパーク「横濱カレーミュージアム」にあります。
　一時期、同館は入館者数の減少に悩んでいましたが、私が"年間100回以上のイベント実施"、"週2～3回のリリース配信"などさまざまな広報手法を駆使したことによって、およそ1年で人気を復活させることができました。
　その後は「井上戦略PRコンサルティング事務所」を設立し、数多くの企業や官公庁で広報コンサルタントをつとめながら、"戦略広報"や"プレスリリースの書き方"などをテーマにした講演を年間100回以上行っています。
　また、宣伝会議が発行している広報・PRの専門誌「広報会議」では、「実践！プレスリリース道場」という連載ページを10年以上担当。その記事を書くため、これまでに130社以上の広報部を取材してきました。

　このように「広報」と深く携わり続けた経験、その間に得られた数多くの知見、さまざまな企業の成功例、広報先進国アメリカの広報ノウハウなどを徹底的に比較・研究し、どの会社でも実践できるように体系化したのが、本書の「戦略広報」です。
　その内容は"情報公開"のためにルーティンワークとして行うような従来の広報活動から大きく進化しており、これからの時代の広報の王道メソッドと呼んでも過言ではないでしょう。

「戦略広報」とは何か

　「戦略広報」とは「経営戦略に基づく広報」の略。
　その最大の特徴は、広報を企業経営の中核にすえて、長期・短期の計画

を明確かつ綿密に立案（Plan）することにあります。
　そして広報スキルを段階的に身につけながら、立案した計画を着実に遂行（Do）。
　その結果を的確に評価（Check）して、計画や広報の手法にさらなる改善を加える（Act）というPDCAサイクルを繰り返します。

　こうして「戦略広報」がうまく機能していくと、徐々にメディアへの露出が増えていくのはもちろんのこと、将来的には「企業ブランドの確立」「売上利益の長期的な獲得」「競合他社に対する優位性の確保」といった多大な成果を得ることができます。
　さらに特筆すべきは、「戦略広報」の実践によって、企業の経営品質が著しく向上するということ。
　特に顕著なパターンが以下の３点です。

・戦略的・計画的に広報を展開していかなければならないので、事業計画の構築を行うようになる。
・時流を読まないと広報を行うことができないため、自然と時代の流れに即した経営になる。
・広報の成果があらわれることで、組織が活性化する。

　このような変化は、私がコンサルティング業務で関わっている企業でも多く見られるものです。

「戦略広報」と「戦略的広報」と「戦略PR」

　ところで、広報やマーケティングに関心をお持ちの方であれば、「戦略広報」「戦略的広報」「戦略PR」といった似通ったキーワードを、これまで何度か目にしたことがあるのではないかと思います。
　なかでも、10年ほど前に話題になった「戦略PR」という言葉には、見覚えのある方も少なくないでしょう。
　「戦略PR」と、本書で私が提唱している「戦略広報」。言葉としては似て

いますが、その内容は大きく異なります。
「戦略PR」の狙いを一言で言うと、"世の中の空気を変えて物を売る"ということ。
わかりやすい例が、格安航空会社ジェットスターの手法です。
それまで旅行といえば、休みを確保することからスタートをしていました。それから旅行会社やプランを決め、交通手段や宿を確保するという手順を踏んでいきます。ところがジェットスターは"わずか数百円から数千円の航空券"の販売によって、「飛行機のチケットがとれた！」から始まる新しい旅の形を生み出すことでガラリと空気を変え、自社商品の売り上げにつなげました。
このような「戦略PR」は極めて高度で、残念ながら一般企業の広報部員には、まず真似できません。
一方の「戦略広報」は、その規模や業種に関わらず、あらゆる企業で実践し、成果を出すことができるものです。
「広報に力を入れてみたい経営者」
「成果を出すために何か改革をしたい広報部の部課長」
「広報の仕事に就いたばかりで、何から始めればいいのかわからない人」
など、さまざまな立場やキャリアの方々に向けて、やるべきこととその手順をわかりやすく解説していますので、教科書のような使い方をしていただけると考えています。

では内容をざっくりとご紹介しましょう。

- 第1章「戦略広報」が経営を強くする
  ……広報と広告の違いを改めて示し、「戦略広報」とはお互いの長所を生かし合う手法であることをご説明します。また、私が「戦略広報」というメソッドを生み出すにいたった経緯を綴りました。
- 第2章「戦略広報」成功のための最重要課題
  ……「戦略広報」の要とも言えるパート。自社の「経営戦略」「事業計画」から、広報の方針や年間計画を立案していく方法を述べていま

す。
- 第3章「戦略広報」を社内に定着させる7ステップ
 ……「戦略広報」は広報部だけの力では絶対に成功しません。経営陣から現場のスタッフまで組織全体を巻き込み、発信すべき社内の情報を確実に収集するためのノウハウを伝授します。
- 第4章「戦略広報」のための広報技術
 ……企業からの情報発信の主役とも言える「プレスリリース」の書き方、「プレスリリース」に載せるネタの作り方、取材の受け方、デジタルコンテンツの整備など、広報の基本スキルを細かく解説します。
- 第5章「戦略広報」実践事例
 ……「戦略広報」が順調に機能している企業や、現在、果敢に挑戦している企業などの取り組みを紹介。実例ならではの、リアルで実用的なワザがたくさん公開されています。

本書が、あなたの会社の広報と経営を活気づける起爆剤になるとともに、広報スキルを高めるバイブルのような存在になることを願って。

2017年夏

井上戦略PRコンサルティング事務所
井上岳久

広報・PRの実務
組織づくり、計画立案から戦略実行まで

はじめに ………………………………………………………… 3

第1章
「戦略広報」が経営を強くする

1 なぜ「広報」が注目されているのか ……………… 18

「4大メディア時代」から「多メディア時代」へ／多くの広告を"スルー"する消費者たち／企業の広告戦略が曲がり角に／「広報」がヒット商品を作り出す時代に／4大メディアの影響力の大きさは健在／広報に必要なのは、お金ではなくアイデア

2 「戦略広報」誕生までの流れ ……………………… 26

まず着目したのは、広報先進国アメリカ／経営と広報の連動に着目／日本の広報のウィークポイント／日本の戦略広報先進企業／「戦略広報」の誕生

第2章
「戦略広報」成功のための最重要課題

1 「戦略広報」の実施フロー …………………………… 34
　　広報で成果を上げるための5つの段階

2 経営戦略の把握と広報戦略の立案 ………………… 35
　　会社と広報の目指す方向を合致させる／広報戦略を詳細に設定する

3 広報年間計画の策定①
　　年間経営計画の作成 ……………………………… 40
　　ニュース性の高い商品サービスをつくる／全部署の年間計画を手に入れる

4 広報年間計画の策定②
　　プレスリリースを配信する案件を選ぶ ………… 42
　　あらゆる部署のあらゆる案件がネタになる

5 広報年間計画の策定③
　　各案件をA・B・C・Dでランク付け ……………… 43
　　全案件の優先順位をつける

6 広報年間計画の策定④
プレスリリースの配信時期・担当者の決定……… 47

コンスタントな配信が基本／メディア関係者と接する機会を増やす／どのタスクを誰が担当するかを決める

第3章
「戦略広報」を社内に定着させる7ステップ

1 「戦略広報」導入に必要な基本項目 ……………… 50

メディアへ情報発信する前にすべきこと

2 広報担当者の選定①
「戦略広報」に必要な資質 …………………… 52

人選を誤れば成果は上がらない／一般的に広報に求められる資質／戦略広報担当者の業務の流れ／戦略広報に求められる資質／一流広報担当者が備えている特徴／戦略広報に適さない資質・傾向

3 広報担当者の選定②
「戦略広報」適任者を選ぶプロセス ……………… 62

旧来の選び方では戦略広報適任者は生まれない／戦略広報担当者をどう選ぶか

4 広報担当者の教育 ………………………………………… 66

広報担当者が身につけるべき4つのスキル

5 広報方針および戦略の立案 …………………………… 71

戦略広報を成功させるための重要点

6 社内への周知 …………………………………………… 72

戦略広報の必要性や効果を知らしめる／経営トップが戦略広報の開始を宣言／各部署の責任者にレクチャー／各部署に広報係を設置／広報係への広報実務の説明／社内へのさらなる啓蒙活動

7 広報リソース収集システムの構築①
円滑に情報が集まる仕組み作り …………………… 78

情報提供のルール化・明文化を行う／伝達ルール　3つのポイント

8 広報リソース収集システムの構築②
仕組みを機能させるフォロー ……………………… 83

広報リソース収集システムを機能させる

9 ファクトブックの制作①
メディア向けの会社案内をつくる意味 …………… 86

ファクトブックとは／ファクトブックの目的①　自社を知ってもらう／ファクトブックの目的②　メディア露出を後押し

10 ファクトブックの制作②
　　 メディア関係者がほしい情報を散りばめる……… 93

　　ファクトブックの形式

11 メディアへの情報発信の開始 …………………… 100

　　年間プランに忠実に情報を発信する

第4章
「戦略広報」のための広報技術

1 プレスリリースの書き方 ………………………… 104

　　企業とメディアを結ぶ基本ツール／リリースの基本①　パッと見て「わかる」「目を引く」／リリースの基本②　読みやすく、理解しやすい／さらに魅力的なプレスリリースにするために

2 広報コンテンツの作り方 ………………………… 116

　　求められるのは「ニュースバリュー」／記事になる「ネタ」をつくる

3 メディアの種類とアプローチ法 ………………… 122

　　主なメディアとそれぞれの特徴／メディアリストの作り方／いよい

よプレスリリースを配信

4 リリース配信後にすべきこと ……………………… 133
自社サイトのアップデート／メディアによる取材への対応／メディア露出の実績は社内で共有／目標を達成するための効果測定

5 「戦略広報」のためのデジタルコンテンツ ……… 144
戦略広報における自社サイトの管理／ネット検索で自社の情報を見つけてもらう方法／SNSは"なんとなく"で始めてはいけない

6 危機発生時の対応 ………………………………… 149
戦略広報にはリスクに対する問題意識も必要／危機管理広報の基本フロー／緊急事態発生時のメディア対応

7 PR会社の活用術 ………………………………… 157
PR会社とは何か／PR会社の組織特性／戦略広報ならではのPR会社活用法／PR会社の選定方法

第5章
「戦略広報」実践事例

事例 1 学校法人 近畿大学 …………………………… 166

「近大マグロ」で「実学の近大」をキャッチーにアピール／情報収集の難しさは、大学という組織ならでは／年間400本ものリリース発信を可能にする「仕組み」／テレビや新聞に教員を登場させるための仕掛け／少子化への危機感が今日も近大総務部広報室を動かす

事例 2 ダイニチ工業 株式会社 …………………………… 176

地名度アップを目標に広報活動をゼロからスタート／記事にまとめる記者の目線でプレスリリースを作成／筆者に話題を提供したことで、自社がコラムの題材に／メディア関係者と頻繁に顔を合わせることが大事／メディア掲載の積み重ねが自社の資産になると確信

事例 3 株式会社 丸冶 …………………………… 185

巣鴨の名物・赤パンツの誕生から大ブレイクまで／目指すのは"多売"ではなく「老舗になること」／地方メディアで「巣鴨のマルジ」をアピール／商店街の魅力を発信することにも尽力／広報を学ぶことでビジネスの捉え方が大きく変化

事例 4 株式会社 東洋 …………………………… 195

「世界一のゲームセンター」の誕生／テレビで紹介されたことで、

広報の重要性を実感／メディアが魅力を感じる企画を次々と考案／小さな会社ならではの行動力とスピード感／社内の「専門家」が店でもメディアでも大活躍

おわりに……………………………………………………………202

参考文献……………………………………………………………203

第1章

「戦略広報」が経営を強くする

なぜ「広報」が注目されているのか

「4大メディア時代」から「多メディア時代」へ

　マーケティングの世界では、テレビ、新聞、ラジオ、雑誌の4つを「広告の4大メディア」と呼んでいます。

　かつての日本では、ニュースや最新情報の情報源はテレビ・新聞・ラジオ・雑誌でしたから、たくさんの消費者に自社の商品やサービスを宣伝したい企業は、迷うことなく4大メディアのいずれかに広告を出していました。

　とりわけテレビCMと新聞広告の効果は絶大。ほとんどの世帯が新聞を購読し、テレビの人気番組を家族そろって見ていた時代には、資金力のある大企業がテレビや新聞に広告を出すと、それによって商品の情報や企業名が広く国民に知れ渡り、その結果商品が大量に売れ、企業が繁栄していく……、そんな図式が成り立っていたのです。

　そんななか、新たに加わったのがインターネットという媒体です。

　日本でインターネット広告が本格的に始まったのは1996年（この年、日本初の"インターネット広告専用の広告会社"が設立されています）。その後インターネット広告は規模・多様性ともに拡大し続け、現在では広告スペースを設けているWebサイト（たとえばニュースサイト、情報サイト、エンターテインメントサイトなど）が数え切れないほどある上に、「インストリーム広告（「YouTube」などで動画再生の前に流す）」「リスティング広告（検索エンジンで検索キーワードに合わせて表示される）」など、多種多様な広告枠が存在しています。

さらに「Facebook」「Twitter」「Instagram」といったソーシャル・ネットワーキング・サービス（SNS）にも広告を出すことができます。

また、インターネットの外のリアルな世界でも、フリーペーパー、交通機関の車内広告、ラッピングバス、街頭の大型ビジョンなど、広告を出せる媒体やスペースが、どこまでも拡大中です。

多くの広告を"スルー"する消費者たち

テレビで番組を楽しんでいると、内容がちょうど盛り上がるタイミングでCMが入り、調べ物をしようとスマートフォンやパソコンでインターネットにアクセスすれば、いたるところに広告が現れます。繁華街にはアドトラックやラッピングバスが行き交い、ビルに設置された大型ビジョンでは大音量でCMが放映されています。ターミナル駅構内では、あちこちの電子看板が歩行者に向けて商品をアピールし、専用ラックには情報満載のフリーペーパーがずらりと並んでいます。もちろん電車やバス、タクシーのなかにも広告がさくさん……。

こうした状況を、消費者はどのように受け止めているかというと、当然ながら全ての情報を認知することは不可能ですし、そもそも誰もそんなことはしません。

みなさん知らず知らずのうちに「広告を無視する」というテクニックを身につけたのではないでしょうか。

さらには消費者が「広告を見ないための措置」をとるケースもあります。"テレビのCMタイムはトイレタイム"という視聴者は相変わらず多いですし、"テレビ番組はどれもいったん録画して、CMを飛ばしながら見る"という人たちもいます。

またインターネットの広告に関しては、パソコンのブラウザに"広告をブロックする機能"を追加したり、スマートフォンに「広告ブロックアプリ」を入れるユーザーがじわじわと増えているようです。

もうひとつ問題なのは、消費者が広告という「企業からの一方的なメッセージ」に対して、"どうせ、おいしいことしか言っていないんでしょ？"

と、懐疑的に見る傾向が高まっていることです。

企業の広告戦略が曲がり角に

「自社の広告は、消費者に届いているのだろうか？」「どこに広告を出すのが効果的なのだろう？」

広告メディアがここまで多様化してしまった現在、広告を出す企業サイドには迷いが生じています。

街のなかやインターネット上に点在する広告の1つひとつが、大きな効果を上げているとはとても考えにくい状況ですが、それでも無視はできません。

しかも、広告には相応の費用がかかりますから、あれもこれもとトライしていたら大変な金額になってしまいます。

特に高額なのはテレビと新聞。全国放送の人気番組に15秒のCMを流すには1回で数百万円もかかりますし、全国紙に広告を1ページ出そうと思ったら数千万円の予算を組まなくてはなりません。

「広報」がヒット商品を作り出す時代に

広告メディアの多様化によって、企業の広告戦略が転換期を迎えるなか、注目度が高まってきたのが「広報活動（Public Relations）」です。

広報の最大の役割は、自社の活動内容を世間に正しく理解してもらいながら、人々の自社に対するイメージを高めていくこと。多くの人たちから「○○って、いい会社だよね」「私、○○社のファンなんだ」と思ってもらえたら、その会社の広報活動は大成功です。

社外向け広報の主な業務は、自社の情報をプレスリリースなどを通じてメディア関係者に提供し、新聞・雑誌の記事、テレビやラジオの番組内で紹介してもらえるように働きかけることです。

提供する情報は商品やサービスだけでなく、人事異動、新工場の落成、決算、社会貢献など、企業のあらゆる活動状況が対象となります。

4大メディアの影響力の大きさは健在

　多メディア時代になり、4大メディアが以前よりも勢いを失っているのは事実ですが、その影響力の大きさは今も健在です。

・テレビ
　NHK「国民生活時間調査（2015年）」によると、国民の85.2％が毎日テレビを見ています（平均視聴時間は3時間52分）。
「あの会社はこんな仕事をしているのか」「あ、この間あの番組でおいしいと紹介していた商品だ！」というように、テレビで紹介される情報は、今も昔も視聴者に大きなインパクトを与えています。

・新聞
　公共性や社会的信頼度の高いメディアなので、多くの読者がそこに書かれている記事を"信ぴょう性の高い情報"として受け取ります。
　ところで、このところ人々の新聞離れが声高に叫ばれていますが、実情はどうでしょう。
　"新聞の購読率"は減っているものの、報道されている内容はインターネットに掲載され、多くの人がスマートフォンやタブレットでチェックしています。デジタル化された新聞記事がSNSでシェアされたり、「Yahoo！ニュース」に転載されたりすれば、自社の情報を膨大な数の人たちに読んでもらえることもあるわけです。

・ラジオ
　ラジオ番組は固定ファンが多く、リスナーのパーソナリティに対する信頼度が高いのが特徴。ですから、自社の商品やサービスの情報がパーソナリティの口から語られれば、多くのリスナーはそれを好意的に受け入れることが想像できます。また近年、ネット配信などが始まり、その効果が高まりつつあります。

・雑誌

　雑誌ごとに、読者の興味・関心やライフスタイルがかなり明確に分かれていますので、自社のターゲットに合った雑誌で記事に取り上げてもらえれば、不特定多数が対象のメディアに比べ、より効率よく、より確実に自社の情報やメッセージを届けられるでしょう。

　テレビ、新聞、ラジオ、雑誌の記事や番組のなかで取り上げられる情報というは、編集部や報道部、制作スタッフなどが「この話題はぜひ取り上げたい」とピックアップして取材をし、自らの責任で掲載（放送）するものですから、企業の広告に比べて読者や視聴者からの信頼度は格段に高くなります。

　それに加えて、広報による記事や番組の方が、広告より情報の浸透度が高いという特徴もあります。

　なぜなら基本的にテレビ番組や新聞記事は、その人が興味を持って主体的に見たり読んだりしているものだからです。そこに登場する商品の情報は、CMや広告が発信する情報よりも受け手の納得度や理解度が深く、記憶にも残りやすくなるのです。

広報に必要なのは、お金ではなくアイデア

　広報のもうひとつの特徴は、費用の安さです。
　必ずかかるのは、プレスリリースを各メディアに届けるための費用くらいのものです。イベントや記者会見を開催する場合などは別途お金がかかってしまいますが、それでも広告よりははるかに少額で情報発信することができます。

　歴代の「ヒット商品番付（日経MJ）」を見ると、たとえば20年ほど前はランキングのトップを大企業の商品が占めています。
　当時は、高額の広告費を投じずに商品がヒットすることは、ほとんどなかったためです。
　CMや広告を通じて「こんな商品がありますよ」という情報を全国津々

広報と広告の違い

	広報	広告
担当部門	編集局（部）・報道局（部）	広告局（部）
掲載面	記事	広告
放送枠	報道／番組内特集	CM／広告欄
選択・決定権	メディア	広告主（出稿者）
発信主体	第三者としてのメディア	出稿者
情報の特性	客観性	主観性
内容	事実	主張
継続訴求性	低い	高い
信頼度	高い	低い
自己主張	低い	高い
コスト	低い	高い
顧客対応イメージ	太陽	北風
プロモーション視点 コスト	かなり低い（ゼロに近い）	（媒体で異なるが）高い
プロモーション視点 KFS（成功要素）	メディアニーズに合った情報素材	クリエイティブの質・メディア選定・掲出量
プロモーション視点 要素	マスコミの注目するネタのみ	商品・サービス：広告主が主張したいもの
プロモーション視点 効果	ゼロ〜無限大	（基本的に）費用に比例
プロモーション視点 掲出確実性	不確実	確実
プロモーション視点 費用対効果	高い	低い

出所）井上岳久『無料で1億人に知らせる　門外不出のPR広報術101』（明日香出版社）2007年，17ページ

浦々の人たちに伝えることで、多くの小売店がその商品を扱い、それをたくさんの消費者が購入する……、このようにヒット商品の生まれるプロセスは、今よりずっとシンプルだったのです。

　ところがここ数年の番付を見ると、中小企業や、さらにはほとんど知名度のない零細企業の商品がいくつもランクインしています。これらの企業の多くに共通しているのは、広報が非常に上手だということ。

「広告によってヒット商品が生まれる時代」から「巧みな広報がヒット商品を作り出す時代」へと世の中は変わったのです。

　なお、自社の出したい情報を希望どおりの大きさ、望みどおりのタイミングで発信できる広告と違い、広報の場合は情報をコントロールするのはメディアです。

　記事や番組がどんな内容になるかはメディア次第ですし、取材されたからといって必ずその内容が掲載（放送）されるとも限りません（だからこそ、記事になったときに読者から「これはメディアが認めた、価値ある情報なんだ」と思ってもらえるわけですが）。

　そのため広報部員は、自分たちが狙ったメディアに、できるだけこちらの望みに近い内容で記事や番組にしてもらえるよう、知恵を絞り、狙いを定めて広報活動をする必要があります。

　そして、広報活動に積極的に取り組み、メディアに取り上げられる機会が増えれば、その企業にさまざまな効果やメリットをもたらします。

　以下に主な効果やメリットを紹介します。

・マーケティング効果
　商品やサービスの情報が広まることで、販売数が増加。売り上げおよび利益の向上につながります。

・財務効果
　メディアへの露出が増えると、金融機関や投資家の自社に対する信頼度が増すため、資金調達がスムーズになります。株価が上がることもあるか

もしれません。

・組織活性化効果
　自分たちの会社やその事業内容がメディアに取り上げられることで、社員は自社を誇りに感じ、仕事に対する意欲が高まります。

・リクルーティング効果
　メディアを通じて企業の知名度が高まると、入社希望者が増え、優秀な人材を確保できる可能性が高まります。

2 「戦略広報」誕生までの流れ

まず着目したのは、広報先進国アメリカ

「広告」以上に「広報」が盛んで、広報先進国と言われているアメリカ。

これには、国土が日本の約25倍、人口が約2倍という大国であることが少なからず関係しています。

なぜなら、日本のように国内全土を網羅している新聞はなく、世界的に有名な「ワシントン・ポスト」でさえ、発行部数は読売新聞の2分の1ほど。テレビはケーブルテレビなどの有料放送が普及しており、それを加えれば100以上のテレビ局があります。つまり「この新聞（番組）に広告を出しておけば、アメリカの全国民に伝わる」という"一撃必殺"の媒体が、そもそも存在しないのです。

そのため、アメリカの企業は、メディアを通じて商品情報を発信してもらうためにあの手この手を駆使しながら、広報のスキルを磨いてきました。

ですから、近年アメリカで生まれて世界的なブランドとなった企業、たとえばスターバックス、アップル、グーグルなどに共通しているのは、広報やPR戦略のうまさです。

ところで、アメリカ企業の広報スキルの発達に、長年大きく寄与してきたもののひとつに大統領選挙があります。

たとえばテレビ演説の際には、国民の目にその候補者の印象がどのように映るかを徹底的に研究して、スピーチの内容や話し方はもちろん、ジェスチャーや服装、ネクタイの締め方……、ときにはまばたきの数までも演出します。

そのようなPR合戦におけるさまざまな手法は、選挙結果とともに分析され、そのエッセンスがビジネスの世界へ。そしてそれらは、企業のPR活動に応用されているのです。

この選挙戦と企業PRの関係からもわかるように、アメリカ企業が広報によるブランド構築に成功している一因が、"自社の商品をいかに魅力的に見せるか"という表現テクニックの徹底追求にあることは間違いありません。

しかし、"ほかにも何か大きな要因があるのではないか？"と感じていた私は、顧問をつとめていたある外資系企業での経営陣との会話のなかで大きなヒントを見つけました。

経営と広報の連動に着目

外資の顧問先との会話の流れで、私はあるPR企画を紹介して「御社でこれをやれば、売上高1.5倍も夢ではありません」と言ったところ、こんな答えが返ってきました。

「あなたは我が社の経営計画をちゃんと読みましたか？ 今年の目標は、売上3％アップです。私たちには、ブランドの100年後のあるべき姿を念頭に、1年・5年・10年といった経営計画を立てていますから、1.5倍増などというブランドイメージを壊しかねない企画はとても受け入れられません」。

この会社では、経営計画に基づいて広報も年間計画を立て、1つひとつを着実にクリア。広報の戦略や方向性も、経営戦略をきっちりと落とし込んだものになっており、「なるほど！」と気づかされました。

つまり、ブランド力のある企業は、PRの表現が上手なだけでなく、広報と経営の関係が密で強固なのです。

このとき、長年抱いていた謎も解けました。

アメリカをはじめとする欧米企業が日本に進出するとき、まず広報担当者を決めるケースが多く、「日本の企業なら、とりあえず営業責任者から先に決めるはず。なぜ広報なんだろう？」と不思議に思っていました。ですがこれは、欧米の企業がそれだけ広報を重視しているということの現れ

だったのです。

日本の広報のウィークポイント

　こうして、アメリカを中心とする欧米企業の"経営戦略と密着した広報"に可能性を見出した私は、日本企業への導入を検討しました。その過程で、日本の企業には特有の性質や弱点があることに気づきました。
　まず、広報の重要性に対する理解が乏しい経営陣がまだまだ多いということ。
　その理由は明確です。日本では高度経済成長期から"広告が効き過ぎる時代"がずっと続いていたためです。いまだに"広報部からのプレスリリースは、新製品発売時にとりあえず出しておけばよい"といった認識の方もいるようです。
　それから、これは比較的大きな会社に多いのですが、2〜3年で他部署へ異動させる日本特有のジョブ・ローテーションも問題です。
　たとえば、プレスリリースの作成ひとつとっても、ネタ（発信したい情報）を上手に料理して、注目されるような表現にまとめられるようになるには最低でも2年はかかります。
　ですが、ようやく一人前になったところで異動になり、担当は新人に交代という事態の繰り返しに……。これでは広報のプロが育ちません。
　アメリカの場合は、広報スタッフとして就職したらずっと広報ですから、凄腕の広報パーソンが数多く生まれるわけです。
　最後にもうひとつ。これは大企業で働く方々には信じられないことかもしれませんが、日本国内には、経営方針や事業計画をきちんとつくっていない会社が数多く存在します。社員数が100名を超えるような中規模企業でも、経営方針や事業計画を明文化していないケースは少なくありません。
　これでは、当然ながら広報の方針や年間計画をつくることはできません。

日本の戦略広報先進企業

　その一方で、近年ようやく日本にも、広報を駆使して成果を上げる企業が現れました。

先陣を切った第1グループの代表はソフトバンク、楽天、ユニクロなど。いずれも、企業のトップが広報マインドを持って自ら積極的に動いているのが特徴です。

　なかでもPRが巧みなのはソフトバンクグループの孫正義氏です。国内の通信事業をベースにしながら、国内外での携帯電話の流通事業、球団運営、ロボット開発、自然エネルギーによる発電など、新事業や新サービスを次々と立ち上げ、孫氏自らがそれを華々しく発表。そうしたニュースが繰り返し報道されることで、「独創的で先進性のある会社」というイメージが定着したように感じます。

　それに続く第2グループは近畿大学、星野リゾート、タニタなど。

　第5章で詳しく取り上げている近畿大学は、完全養殖の「近大マグロ」「ウナギ味のナマズ」「ド派手入学式」「インターネットでの受験出願」など、次から次へと話題を提供して知名度や好感度を高め、その結果、志願者ランキング4年連続日本一を実現。「学校法人の広報は成果が出しにくい」という業界の常識を見事に打ち破りました。

　そして第3のグループと呼ぶべき存在が、赤城乳業や相模屋食料といった、大企業ではないにも関わらず意欲的な広報によって大ヒット作を生み出した企業です。

　赤城乳業は「ガリガリ君　コーンポタージュ味」の発売に当たって広告は一切出さず、情報発信はプレスリリースのみでした。それでも発売までの1ヵ月間で、テレビ7本で紹介され、「Yahoo！ニュース」のトップページに4回も登場。発売3日目には受注に生産が追いつかなくなり、一時販売を休止せざるを得ないほどの大ブームとなりました。

　相模屋食料のヒット作は、アニメ「機動戦士ガンダム」のキャラクターである「ザク」をかたどった「ザク豆腐」。広告は打たず、発売をアピールする記者会見をアニメファンの聖地・秋葉原で、しかもガンダムの声優をゲストに招いて決行しました。通常、豆腐業界では初出荷数が5000丁を超えるとヒット商品と呼ばれるそうですが、ザク豆腐はなんと14万丁の出荷。これが「6年で売り上げ4倍アップ」の原動力となり、町の豆腐屋さんから始まった同社は、いまや業界トップの豆腐メーカーになりました。

「戦略広報」の誕生

ここまでご紹介してきた、アメリカの先進的な広報、日本ならではの人事制度やビジネス環境、日本における広報の成功実例、そして私自身の経験。これらを総合的に分析し、演繹的に導き出したメソッドが「戦略広報」です。

「戦略広報」の大前提は、前にも述べたとおり、自社の経営戦略と事業計画から、広報の戦略と実施計画を策定すること。

そのうえで、たとえばメーカーなら、商品開発から発売後の販売戦略まで、全てのプロセスに「広報の視点」を取り入れて事業を推し進めます。

従来の広報は、製品ができあがって広告戦略もかたまり、まもなく発売という段階で始めて詳細情報を受け取り、それをプレスリリースにまとめて配信するというのが当たり前でした。

戦略広報とは何か

広報を中心に事業構想、商品開発、広告、営業、販促などを展開する

＜従来の広報＞

＜戦略広報＞

「戦略広報」では、コンセプト作りからネーミング、販売促進計画の作成にまで、「メディアから注目される要素」を常に意識します。

その進捗状況や最新情報は、可能な限り広報部と共有します。さらに販売が始まれば、広報部は営業とも連携。たとえば商品がテレビや雑誌で取

り上げられたら、その内容を販促ツールに仕上げ、営業部員をサポートします。

戦略広報導入のメリット

1	企業、事業、商品のブランドの長期的な構築が可能
2	情報受容度が高く、情報が広く深く浸透する
3	コストが低く、長期的・継続的な利益獲得につながる
4	競合との差別化、競争優位性の確保
5	社内の活性化、インナーコミュニケーションの円滑化
6	経営戦略、経営計画の社内への浸透とコミットメント

戦略広報を成功させる3つのポイント

1 広報視点を加味した商品開発
消費者目線のベネフィットだけではなく、メディアが注目するかどうかも考慮した商品開発をする

2 広報スキル
成果が上がるさまざまな広報スキル・ノウハウを習得し、それをベストなタイミングで駆使する

3 営業への積極的活用
広報活動による成果を営業で最大限活用する

以上3つのポイントを実現するためには「広報戦略・年間計画の策定」「社内情報の集まる体制の構築」の2点が重要です。

第2章

「戦略広報」成功のための最重要課題

「戦略広報」の実施フロー

広報で成果を上げるための5つの段階

　戦略広報を成功させるためには、いきなり個別のプレスリリース配信をスタートするのではなく、下記の実施フローに沿って明確な計画を立てておくことが欠かせません。

　特に重要なのは「経営戦略に沿った広報戦略」の立案と「広報の年間計画」の策定です。

　本章ではこの2点を中心に解説し、第4段階と第5段階については、第4章で詳しく説明します。

戦略広報の実施フロー

第1段階	経営戦略の把握 自社の経営理念、目標、経営計画、事業計画などを把握する
第2段階	経営戦略に沿った広報戦略を立案 広報の理念、方針、目的、目標を決める
第3段階	広報計画の策定 中長期計画、年間計画を策定
第4段階	広報の年間計画に沿って広報活動を実施
第5段階	効果を測定し、分析・評価

2 経営戦略の把握と広報戦略の立案

会社と広報の目指す方向を合致させる

　戦略広報を始めるに当たって必要なのは、どのような考えで広報を展開するのかという「広報理念」、どういう方向に進むのかを示す「広報方針」、そしてこの「理念」と「方針」を実現するために必要な「事業計画」を策定すること。
　「事業計画」には、定性的な「広報目的」と定量的な「広報目標」の2種類があります。

　ここでまず重要なのは、自社の「経営戦略」をしっかり把握し、それに従って「広報戦略」を練っていくことです。
　わかりやすい例を上げるなら、たとえば「地球環境にやさしい会社」を目指しているなら、新商品のPRでもエコロジーの要素を強くアピールする。会社のイメージアップが急務であれば、新商品の発売情報よりも自社

広報戦略の立案	
広報理念	どのような考えで広報を展開するのか
広報方針	広報を進めていく上での基準
広報目的	10年後、5年後、3年後、1年後の定性的到達点
広報目標	10年後、5年後、3年後、1年後の定量的到達点

の社会貢献活動のニュースを積極的に発信していく。
　このように、広報は自社の経営と足並みをそろえることが必須です。

　ところで、各企業のトップの考えは、「経営理念」「経営ビジョン」「ミッション」「社是」「経営方針」など、さまざまな表現で文章化されています。
　では戦略広報実現のためには、このなかのどの部分に着目すればよいのでしょう。
　読み取っていただきたいのは、以下の3点です。

(1) 事業領域（事業ドメイン）
　ビジネスでの活動領域のこと。たとえば私の場合、広報のプロとしての仕事と並行して、カレーの専門家としても活動していますが、カレーのことなら何でも引き受けるわけではなく、商品開発のアドバイスとカレービジネスのコンサルティングだけに事業領域を絞っています。
　経営戦略に沿った「戦略広報」を展開するためには、まず自社の事業領域をつかんでおきましょう。

(2) 将来に向けての会社の方向性
　10年後、さらには100年後に向けて、会社が進んでいこうとしているベクトルです。
　策定した「広報方針」が同じベクトルを向いているか、チェックすることが非常に重要です。

(3) 目指すイメージ
　企業として「こうありたい」という姿。
　これは「企業理念」や「ビジョン」のなかに記されていることが多いでしょう。「自社が世間からどんなイメージで見られたいか？」ということに関して、広報が果たす役割は非常に大きいので、会社が目指すイメージを正確に把握するだけでなく、いつもそれを念頭に置いて広報活動に当た

ります。

　さて、ここで問題なのが、自社にきちんと文章化された「経営戦略」がないケース。
　そういった会社でも、経営者の頭のなかにはしっかりとした「経営戦略」や「ビジョン」があります。
　ですから、前述の３つのポイントを中心に聞き取りを行い、箇条書きでいいので文章にまとめ、再度それを経営者と一緒にチェックしてもらうといいでしょう。

広報戦略を詳細に設定する

　広報戦略の立案においてもうひとつ重要なのは、５年先、10年先を見据えた「事業計画」を立てることです。
　なぜなら、広報の成果は一朝一夕であらわれるものではないからです。
　爆発的なヒット商品が生まれ、突然有名になる企業がまったくないわけではありませんが、それはあくまでもレアケース。少しずつメディアへの露出が増えて徐々に知名度や認知度が上がっていき、ブランディングの確立に至るまでには、それなりの年月がかかります。

　これまで取材した企業の「広報理念」は、たとえば「広報で企業を復活させる」「いずれは営業部門を廃止し、広報だけで事業を成り立たせる」「メディアの役に立つ組織になる」などがありました。
「広報方針」は、「メディア対応365日24時間広報」「企業知名度を35％まで上げる」「年間リリース300本配信。テレビ・ラジオ合わせて100番組に露出」といった具合です。
　なお、「広報戦略」をより理解していただくために、私が学長をつとめている「カレー大學」の事例をご紹介します（「カレー大學」については39ページの図参照）。

カレー総合研究所「カレー大學」事業の広報戦略

経営理念

・カレーの総合教育機関としてカレー業界に寄与する
・カレー業界を人材育成面で支え、業界の底上げをする
・業界唯一のカレー専門家育成機関としてのポジションを獲得する

広報理念

・カレー大學の存在事由※を広報で知らしめる

※カレーの基礎知識の習得はもちろん、商品開発、飲食店経営からまちおこしプロデュースまで、カレーをめぐるビジネスに関わる知識・ノウハウを総合的かつ体系的に学べる教育機関であるということ

広報目的

10年後	全国の全てのカレー専門家への認知(卒業生専門家による多面的な広報を展開)
5年後	地方拠点のカレー専門家への認知(地方校からも情報発信し、全国的な広報を展開)
1年後	主要カレー専門家への認知(カレー大學本校が主体となって広報を展開)

広報方針

・広告は極力使わず広報だけで、10年以内に日本で唯一のカレーのプロ育成機関であることを全国に浸透させる

広報目標

10年後	全メディアを合わせて、月間50本以上の露出
5～9年後	専門紙、Web、新聞、TV。月間25本以上の露出
1～4年後	専門紙、Web。月間10本以上の露出

カレー大學とは

第2章 「戦略広報」成功のための最重要課題

3 広報年間計画の策定①
年間経営計画の作成

ニュース性の高い商品サービスをつくる

　1年を通じてどのような広報活動を行っていくのかを、綿密に決めていくのが「広報年間計画」です。

　戦略広報は、たとえば「新製品が完成したところで情報をもらい、その情報を加工してプレスリリースとして配信する」といった旧来の広報とは違い、新商品のコンセプトを決める段階から積極的に関与して、ニュース性の高い経営企画や製品作りを推進していくことが大きな特徴です。

　ですから、できるだけ早い段階で各部署の事業の年間スケジュールを把握し、先手先手で動く必要があります。しかも、結果的にいくつものタスクが同時進行することになりますから、年間を通じた計画をしっかりと立てておくことが必要です。

　それでは年間計画をつくる手順をご紹介します。

全部署の年間計画を手に入れる

　まずは各部署の年間計画を入手し、縦軸を「部署名」、横軸を「月」にした「年間経営計画」をつくります（ひとつの部署が複数の事業を担当している場合は、事業ごとに書き込み欄を分割してください）。

　商品発売、新規事業、イベントといったマーケティング寄りの事業だけでなく、経営計画、人事制度、福利厚生などももれなく書き込むことがポイントです。

　カレー大學の各事業の年間計画を1枚にまとめると、次のようになります。

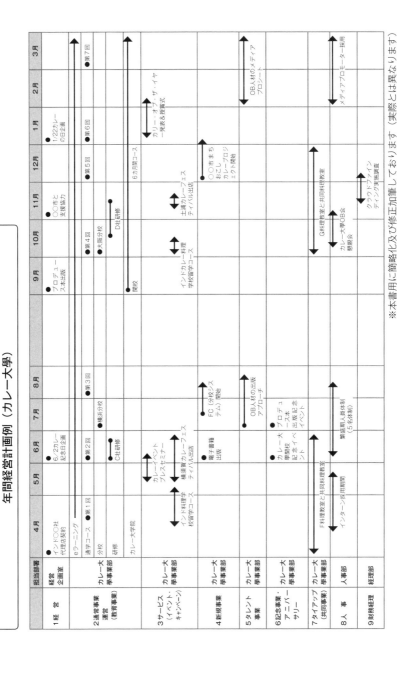

年間経営計画例（カレー大學）

※本書用に簡略化及び修正加筆しております（実際とは異なります）

第2章 「広報戦略」成功のための最重要課題

広報年間計画の策定②
4 プレスリリースを配信する案件を選ぶ

あらゆる部署のあらゆる案件がネタになる

次に「この情報はプレスリリースで発信したい」という案件をくまなくピックアップします。「新製品・新サービスのスタート」や「イベント開催」以外にも、プレスリリースで情報発信できるものは数多くあります。

たとえば、「経営計画の発表」「新工場の稼働スタート」「新しい研修制度の導入」など、あらゆる部署のあらゆる案件が、"情報発信ネタ"の候補になり得るのです。

戦略広報における情報発信の切り口例	
経営	中長期計画、年度経営計画、新規事業構想の発表、IPO、M&A、業務提携、新社長就任、新経営体制　など
生産	生産計画、工場建設、増産、新設備導入　など
マーケティング	新商品、新サービス、イベント、キャンペーン、調査結果、新販売方法、販売計画　など
開発	研修開発、発明発見、先端技術、学会発表　など
知的財産	特許及び実用新案取得、版権取得　など
財務経理	決算発表、新規株式発行、資金調達、設備投資　など
人事労務	人事異動、新人事制度導入、採用方針、入社式、社内運動会、新福利厚生制度、新研修制度導入、新入社員研修、社内研修　など
CSR	社会貢献事業、各種支援協賛活動、メセナ、寄付、地域交流活動、ECO活動、ボランティア　など

5 広報年間計画の策定③ 各案件をA・B・C・Dでランク付け

全案件の優先順位をつける

　プレスリリースで情報発信する案件が決まったら、それら全てについて重要度や影響度を「A」・「B」・「C」・「D」でランク付けします。

　自社の今年度の売上を左右するような大きな案件は「A」、半年ほどかけて戦略的に情報発信していきたい案件は「B」といった調子です。
「この案件は、どのランクにすべきだろう？」と迷ったときには、自社の経営理念や経営目標に立ち返ってみましょう。とにかく売上を伸ばすことが求められているのなら、当然ながらヒットが見込まれる新製品のPRに力を注ぐべきですし、その年の経営計画で社会貢献活動が柱のひとつになっているのであれば、その活動に関する情報発信の優先順位はおのずと高くなるはずです。

案件をA・B・C・Dでランク付け

A	**経営施策**（1年単位で計画） ※1年間を通じて6〜10本のリリース配信。記者会見やイベントも開催
B	**最重点施策**（6ヵ月単位で計画） ※6ヵ月で4〜5本のリリース配信。記者会見なども実施
C	**重点施策**（3ヵ月単位で計画） ※2本程度のリリース配信
D	**基本施策** ※リリース1本の配信のみ

たとえば、ある娯楽施設が敷地の一角に新たなエリアをつくる、といった案件は当然ながらランク付けは「A」になります。リニューアルオープンの前年からオープン当日にかけて、「概要を伏せたリニューアルオープン予告」「概要の公開」「コラボする企業の紹介」「記者会見のお知らせ」「内覧会のお知らせ」「芸能人を招いたオープンイベントの告知」などを、タイミングよくプレスリリースで情報発信します。さらにオープン日以降も「オープンセレモニーの速報レポート」「オープン１ヵ月間での入場者数の発表」というように、１年間かけて１つのネタを違った切り口でコンスタントに情報発信します。この波状攻撃のような情報発信は、各種メディアに取り上げてもらえることが期待できます。
　そして「A」ランクの案件（新商品発売など）に関しては、プレスリリースの配信に加え、「メディアキャラバン」や「マスコミローラー」の実施も検討したいところです。

・メディアキャラバン
　開発者、マーケット担当、営業マン、広報部員などで「キャラバン隊」を構成して新聞社や雑誌出版社を訪問。その場で取材・撮影をしてもらい、情報の掲載を促す手法です。
　キャラバン隊メンバーはハッピやタスキを身にまとい、ポスターやのぼり旗を携えたりして、「絵になる」演出をするのが一般的です。なかには「ミス○○」「ゆるキャラ」といったフォトジェニックなメンバーをキャラバン隊に加えるケースもあります。
　実施に際しては豊富なノウハウを持ったPR会社を探し出し、サポートしてもらうのが得策です（PR会社については第４章で詳しく解説しています）。

・マスコミローラー
　広報部員全員で分担しながら、一定期間内にできるだけ多くのメディアを訪問し、対面でPR案件を伝えます。

ここでもう1つ、「B」ランクの事例として、私がコンサルタントをつとめた「横濱カレーミュージアム」での事例を紹介します。

北海道発祥の「スープカレー」がまだ関東でほとんど知られていなかった時期、ナンバーワン人気店「マジックスパイス」に、横濱カレーミュージアムに3ヵ月限定で出店してもらったときのPR展開です。

最初のプレスリリースは、店がオープンする5ヵ月前。その後、まだあまり知られていない「スープカレー」についてまとめた10ページほどのニュースレターを挟みながら、3ヵ月の営業を終えて「卒業」し、新たなスープカレーの店がオープンするまで、要所要所でプレスリリース配信やイベント開催を行いました。そのおかげもあって、スープカレーはカレー好きの人たちの間で大きな話題になり、当時、本格的なものは関東ではここでしか食べられませんでしたから、多くの方がカレーミュージアムに足を運んでくださいました。

横濱カレーミュージアム　スープカレー店導入事例
（スープカレー東京ブームの仕掛け）

2002年10月20日	「来年3月にあの名店が出店！（店名は出さず）」（プレスリリース）
2003年1月10日	「札幌スープカレーの名店『マジックスパイス』の出店が決定」（プレスリリース）
2月1日	「札幌スープカレーとは何か？」（10ページほどのニュースレター）
3月1日	「メディア向け内覧会のお知らせ」（プレスリリース）
3月19日	「マジックスパイス」メディア向け内覧会開催
3月20日	「マジックスパイス本店開店」（プレスリリース）
3月27日	「マジックスパイス開業1週間好調！」（プレスリリース）
5月31日	「マジックスパイスが6月いっぱいで卒業」（プレスリリース）
6月30日	メディア向けに「卒業式」を開催
7月7日	スープカレー第2店目「木多郎本日開店」（プレスリリース）

案件のランク付け例

担当部署	4月	5月	6月	7月	8月	9月	10月	11月	12月	1月	2月	3月
1 経営	経営企画室	インドOO社代理店契約 B / eラーニング		6/2カレー記念日企画 A		プロデュース本出版 B		OO市と支援協力		1/22カレーの日企画 A		
2 通常事業運営（教育事業）	カレー大学事業部	通学コース ●第1回 / 分校 / 研修 / カレー大学院		●第2回 / C社研修	●第3回 / ●横浜分校 B / C社研修 C		●第4回 / ●大阪分校 B	D社研修 C	●第5回	●第6回		●第7回
3 サービス（イベント・キャンペーン）	カレー大学事業部	インド料理学校留学コース / インド料理学校留学コース提携	カレーイベントプレスセミナー / 横須賀カレーフェス B				インドカレー料理学校留学コース C		カレー・オブ・ザ・イヤー 発表＆授賞式 A		
4 新規事業	カレー大学事業部			電子書籍出版	FC（分校システム）開始 A	開校 C		土浦カレーフェス B	6カ月間コース / OO市まちおこしカレープロジェクト開始 C		
5 タレント事業	カレー大学事業部				OB人材の出版プロデュース B						OB人材のメディアプロモート	
6 記念品・アニバーサリー	カレー大学事業部				カレー大学開校記念イベント B	カレー大学開校記念出版記念イベント C						
7 タイアップ（共同事業）	カレー大学事業部	F料理教室と共同料理教室 B					G料理教室と共同料理教室 C					
8 人事	人事部	インターン採用					カレー大учO B会懇親会			クラウドファンディング実施調査 A	メディアプロモーター採用	
9 財務経理	経理部				繁忙期人員体制（5名体制） C							

※本書用に簡略化及び修正加筆しております（実際とは異なります）

広報年間計画の策定④
プレスリリースの配信時期・担当者の決定

コンスタントな配信が基本

　社内の全事業部の年間計画から、プレスリリースの"ネタ"になりそうな案件をピックアップし、ABCD評価を終えたら、広報部の動きを4月、5月……と、月ごとに見ていきます。

　すると、多くの場合「5月から7月にプレスリリースの配信が集中していて、8月、11月、2月は何も予定がない」というように、かたよりが出てくるはずです。

　広報からの情報発信は、1年を通じてコンスタントに行うのが基本です。毎月1～2本のプレスリリースをコツコツと配信していると、たとえそのときはメディアに取り上げられなくても、メディア関係者は「この会社はイキがいい」「広報活動に積極的だ」「この広報部員はこの業界に強そうだ」といった印象を持つようになります。雑誌の編集部、情報番組の制作会社などに直接足を運んでプレスリリースを渡しているのであれば、コンスタントに顔を合わせることになるので、当然ながらメディア関係者とのつながりが深くなります。

メディア関係者と接する機会を増やす

　プレスリリースの"ネタ"をつくる方法については、第4章（116ページ）でいくつかご紹介していますので、ここでは広報部主催企画の実施を提案します。多少の手間もお金もかかりますが、直にメディア関係者と接する機会を増やすことは、戦略広報の成功に欠かせません。

・工場見学会

　製造現場をメディア関係者に公開する機会を定期的に設け、品質管理への徹底した取り組み、ものづくりに対するこだわりを直に体感してもらいます。プレスリリースで自社の姿勢を語ることも大事ですが、やはり百聞は一見にしかずです。

・記者懇親会

　経営幹部と歓談する機会を設け、自社の経営理念や自社製品の特徴について、メディア関係者の理解を深めてもらいます。

・プレスセミナー

　衣料やエレクトロニクスといった、専門性が高く内容が難しい分野、あるいは日々技術革新の進む工業分野や新たに生まれた新技術、あるいは業界の最新情報や国内外の動向などを、メディア関係者に向けて伝える勉強会です。20名以内の少人数で行うのが望ましいでしょう。

　工場見学会、記者懇親会、プレスセミナーのいずれも、その内容を記事にしてもらうのが目的ではなく、記者の理解を深めるのがねらいです。

どのタスクを誰が担当するかを決める

　プレスリリースの配信、PRのためのイベント、広報部主催企画などが、1年間にわたってバランスよくプランニングできたら、どのタスクを誰が担当するかを、明確にします。そして部内で進捗状況を常に確認し合いながら、年間計画どおりに広報活動を実行していきます。

　「急きょ、リニューアル製品を発売することになった」「予想以上のヒット商品になった」「社員が大きな賞を受賞した」「リコールを出してしまった」など、突発的な事案が万一起きたとしても、ベースとなる年間計画とABCDランク付けがしっかりできていれば、たとえば「当初ここで予定していたプレスリリース配信は「D」ランクなので中止して、急きょ入った案件を優先しよう」といった調整がすばやくできます。

第3章

「戦略広報」を社内に定着させる7ステップ

「戦略広報」導入に必要な基本項目

メディアへ情報発信する前にすべきこと

　戦略広報を円滑かつ効果的に進めるためには、メディアへの情報発信をスタートする前の準備や仕組み作りも重要です。いくらメディアに積極的にアプローチしたとしても、良質な情報を発信する基盤が整っていなければ、望む成果は得られず、戦略広報を継続させることも難しいでしょう。

　そこで、本章では「戦略広報の実行に適した人材を見極め、担当者に任命する」という最初のステップから、「担当者の教育」「広報戦略の立案」「リソース収集の仕組み作り」「メディア関係者に配付するための会社資料の制作」など、戦略広報導入のために欠かせない基本項目を順を追って説明します。

　また、戦略広報の立ち上げに際しては、広報部以外の部署の人たちへの働きかけも必要です。経営陣から現場のスタッフまで社内の全てのメンバーが「広報の必要性や効果」を理解し、「自社のPRになるかもしれない情報」があれば、必ずすぐに広報部に伝える、という体制をつくっておく必要があるのです。

　そのためのノウハウやアイデアについても、この章で詳しく紹介していきます。

戦略広報導入に欠かせない7ステップ

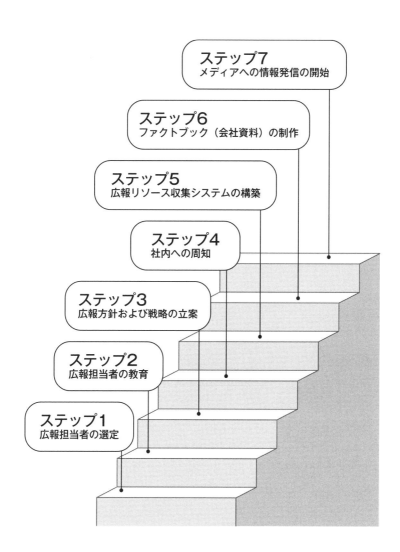

2 広報担当者の選定①
「戦略広報」に必要な資質

人選を誤れば成果は上がらない

　誰を担当者にするかという問題は非常に重要です。「戦略広報の成否は担当者で決まる」と言っても過言ではありません。人選を誤るとなかなか成果が上がらないだけでなく、経営陣の"戦略広報そのものに対する期待や信頼"までもが揺らぐことにもなりかねないので、慎重に行う必要があります。

一般的に広報に求められる資質

　まず、世間一般で「広報に必要な資質」とされているものを、広報実務の本などを参考に5つピックアップしました。

一般的な広報担当者に必要な資質
1　コミュニケーション力
2　情報収集力
3　文章作成力
4　幅広い知識
5　経験

　たとえば「新商品の概要」や「財務情報」などを各担当部署から受け取

り、それをそのままプレスリリースにまとめて配信する、という旧来の"受け身の広報"であれば、この５つの資質で十分です。

しかし「戦略広報」を目指すのであれば、これだけでは残念ながら通用しません。

それを理解していただくために、戦略広報担当者が日常的に行う業務の内容の大枠をご説明します。

戦略広報担当者の業務の流れ

（１）社内の情報を集める

重要なのは「埋もれている社内情報」を見つけることです。

他部署の人たちの大半は、どのような情報が「メディアにアピールできる"ネタ"なのか」を的確に判断することができません。ですから、社内のさまざまな部署に埋もれている情報を発掘することが必要になります。

さらにこのとき、「こういう情報も社外へのアピールになりますよ」と、社員たちに意識付けしていくことも広報部員の大切な仕事です。

（２）情報を編集、文章化する

上がってきた情報を整理・分析し、もし情報が不足していれば社内外から追加情報を集め、プレスリリースにまとめ上げていきます。

メディア関係者に響くような内容にするには、文章力はもちろん、編集能力も必要です。

（３）情報を配信する

基本はプレスリリースの一斉配信ですが、特に重きを置いているメディアには電話を入れたり、直接会いに行ったりと、さまざまな形でコンタクトをとります。

それと同時に、社内へのプレスリリース配信も行います。プレスリリースの内容に直接関連している部署だけでなく社内の全ての社員にも、情報が行き渡るようにします。

（4）メディアからの質問に答える

　プレスリリースを見たメディア関係者からの問い合わせがあった場合、それに的確に対応をしなければなりません。

　取材依頼があれば、日程や場所、取材に応じる担当者の調整などを行い、当日は取材現場に立ち会います。雑誌取材などでは、できあがった原稿が送付され、それをチェックする行程が加わる場合もあります。

（5）発信した情報の掲載状況を把握

　取材が終了したあと、その記事が掲載された号を送ってくれる雑誌編集部や「○月○日の番組で放映します」と教えてくれる番組担当者もいますが、まったく連絡のないメディアも少なくありません。

　ですから、取材を受けたメディアごとに、どのように露出したかを追跡する作業も必要です。

　ちなみに地方のテレビ局からの取材で、放送が見られない場合、お願いすれば"同録（放映部分を録画したDVDなど）"を送ってもらえることが多いようです。

　このプロセスについてはPR会社にアウトソーシングしている戦略広報先進企業もあります（PR会社については第4章を参照）。

（6）掲載情報を次の展開へ活用する

「掲載されてよかった！」でおしまいではありません。

　新聞や雑誌の記事は新聞社や出版社に二次使用の許可をとれば、チラシや小冊子にして営業ツールとして活用することも可能です。この手配も広報担当者の仕事です。

　21ページでも述べたとおり、新聞や雑誌の記事の信頼度は高く、商品やサービスの魅力を強くアピールできるので、商談成立の確率が格段に上がります。

（7）掲載情報の効果を測定する

「テレビの情報番組の"注目の新製品"のコーナーで、2分間取り上げら

れた」「全国紙の生活面のコラムに、開発部のコメントが載った」「新聞に掲載された記事が、『Yahoo！ニュース』のトップページで取り上げられた」など、さまざまな形でメディアに露出するので、それを一定のルールに従って数値化します。たとえば広告費換算した場合、「この記事は、新聞広告で1000万円の価値があります」というように社内に戦略広報の効果を知らしめる説得材料にもなります。

また、プレスリリース配信数など広報活動そのものに対しても目標数値を設定し、それを着実にクリアしていくのが戦略広報ですから、その測定も欠かせません。

(8) 活動を考察し、次に生かす

プレスリリースがメディア露出につながった理由は、プレスリリースの表現がよかったのか、プレスリリースの配信先が的確だったのか、関係者への訪問が効いたのか、といったことを分析し、ノウハウ化していきます。

こうした考察を繰り返していくと、たとえば「この雑誌に載ると、テレビの取材が増えるのは、テレビ関係者が情報収集のためにその雑誌をチェックしているからか」といった"情報発信のキモ"がわかってきます。

そうすると、メディア露出の回数だけでなく、その精度や波及効果も次第に高まっていきます。

戦略広報に求められる資質

さて、戦略広報担当者の業務の概要がつかめたところで、彼ら彼女らに必要な資質を見ていきましょう。

(1) バイタリティ／行動力

巧みな戦略広報で名を上げている企業の広報部の中心人物は、ほぼ例外なく旺盛なバイタリティの持ち主です。

情報を求めて常に社内を駆け回り、少しでも時間が空けばメディア関係者に会いに行くような積極性とフットワークのよさがなければこの仕事はつとまりません。

（2）企画発想力

　入手した情報をそのままプレスリリースにまとめて流すのは、冒頭でご紹介した「一般の広報担当者」のレベル。戦略広報であれば「こんな切り口にすれば、メディア受けするだろう」「他社とタイアップしてはどうか？」というように、材料をユニークで魅力的な料理に仕上げられる企画力、発想力が求められます。

（3）コミュニケーション力／交渉調整力

　情報を適確に伝える話力、相手の意向を捉える聴取力、明るく元気で好感度の高い受け答え、相手に対するおもてなしの精神といったコミュニケーション力は基本中の基本です。

　その上で、社内外で関わる人たちを動かしていく力や、こちらの意向を臆せずに伝える度胸なども必須です。

（4）情報収集力

　戦略広報の担当者は、「情報」を取り扱うスペシャリストでなければなりません。

　自社の製品や制度といった社内の情報に加え、業界内の基本情報や最新情報、世の中のトレンド情報などもキャッチしていることが求められます。

（5）業務管理能力

　複数のプロジェクトが同時に進行するので、それらをもれなくキチッとスケジュールどおりに遂行できる。少なくとも戦略広報のリーダーには、この能力が必須です。

（6）その他（文章作成力、幅広い知識、忍耐力など）

　意外と重要になるのが「忍耐力」です。

　比較的すぐに効果がわかる「広告」と違い、「広報」はすぐに成果が表れないことがほとんどです（なかにはリリース配信直後に記事となり、それが大反響でその日から売り上げ倍増、といったケースもあります）。目

に見えた効果がなかなか表れないと、社内から不満の声が上がるなど、「やはりダメだ」「うちの会社には向いていない」などと、半年ぐらいで戦略広報をあきらめてしまう会社もあります。

ですが、そこは懸命に耐えながら、「次の一手」を考え続けることが大事です。

私は日頃から数多くの広報担当者にインタビューしており、「ワンランク上の広報パーソン」には共通する特徴があることを肌で感じています。

その内容を下の図に整理しているのでご覧ください。

ワンランク上の広報パーソンが共通して持つ特徴

1 会社の代表としての自覚がある	2 社内の商品情報、経営情報を全て把握している
3 自社をアピールする熱意、情熱に溢れている	4 内外の仕事に早いスピードで対応している
5 経営の基礎知識を有している	6 業界情報にも精通している
7 新しい情報に敏感で、アンテナを張っている	8 勉強家。素直で行動力がある
9 スポークスマンとして的確に話ができる	10 メディアに対応する勇気を有している

3の「熱意・情熱」は、実はとても重要です。

優秀な広報担当者のプレスリリースを読んだり話を聞いたりしていると、

「この人は、自分の会社を愛しているんだな」「商品に誇りを持っているんだな」ということが伝わってきます。

　それに対し、商品や会社をアピールするきれいな言葉がどれだけ並べられていても、そこに書き手の熱意や情熱がない場合、経験豊かなメディア関係者はすぐにそれを見抜いてしまいます。

　4の「スピーディーな対応」もみなさん共通しています。

　メディア関係者はとても忙しく、早いレスポンスを望んでいることを知っていて、どんな投げかけにも遅くとも翌日には答えてくれます。

　10はリコールや不祥事などが起きたときの対応です。

　ふだんの広報活動では、新聞社もテレビ局も生活情報や経済情報を扱う部門の担当者が相手なので、ほぼ例外なく穏やかなやりとりになりますが、不祥事となれば社会部の記者たちからの強く鋭い質問に対応しなければなりません。

一流広報担当者が備えている特徴

　参考までに、さらに高いレベルにある「一流の広報担当者」が間違いなく備えている特徴もご紹介しておきましょう。

　それは「新聞記者やテレビ番組の制作スタッフに頼られる存在」であるということです。

　それはどういうことかというと、彼らが「自社の商品やサービスに関する情報」だけにとどまらず、業界の最新情報やトレンド、さらには経済、社会、文化、若者の流行など幅広いジャンルに関する知識や情報を持っていて、メディア関係者にとっての「貴重な情報源」になっているということです。

　さらには「人脈が広く、業界の有力者を紹介してくれる」「24時間365日コンタクトが可能で、問い合わせに対して数時間以内にレスポンスをくれる」といった特徴も備えているので、記事や番組の"ネタ"を探しているメディア関係者にとって「かけがえのない人材」になっているのです。

　そうなると、メディア関係者は何かあるたびにこの一流広報担当者に取材やコメントを求めますから、その結果、その企業のメディア露出量は、

競合他社を大きく引き離すことになります。

　しかも一流の広報担当者は、メディア関係者からの連絡が、たとえば「カレーの定義を教えてください」といった、ごく一般的な問い合わせであっても、その回答のなかに「カレーの最新トレンド」や「自社のカレーの新製品開発のおもしろいエピソード」など、相手が興味を持つ"ネタ"を巧みに盛り込み、最終的にそれを記事にさせてしまう、といったことも頻繁に起こしています。

　また、「この情報は、実は他のメディアには一切公開していないのですが……」と、あたかもリークのように最新情報を伝えたりするなど、コミュニケーションの取り方も自由自在です。

　戦略広報先進企業には、必ずこういった「天才広報」がいます。
「何年か先に、そんな"天才広報"に育っていることが想像できるか？」。担当者を選ぶ際には、候補者をそのような視点で見てみることも、ひとつの選択基準になるかもしれません。

戦略広報に適さない資質・傾向

　広報担当者を選定するときは、どういった資質や傾向の持ち主が適さないかを知っておくことも参考になります。

　ではそれはどういったタイプかというと、次ページの図を見てもわかるとおり、これまでご紹介してきた"望ましい資質の裏返し"といった場合が多くなります。

　こういった資質や傾向をいくつか持ち合わせている広報担当者は、実は意外と多いものです。

戦略広報に向いていないタイプ	
1 ネガティブ発想で、 積極的でない	2 社内調整力が ない
3 印象が薄く、 記憶に残らない	4 自社および商品を、 情熱を持ってアピールできない
5 自分の会社に 誇りがない	6 情報に疎く、 アンテナを張っていない
7 行動が遅い (腰が重くなかなか動かない)	8 前向きでない、 前向きに考えられない
9 忍耐力が ない	10 プロセスでの成果を 分析できない

　1は、チャレンジングな課題を「いやぁ、そんなことはできませんよ」と、全て退けてしまうタイプ。これでは戦略広報の実践は難しくなります。

　3は、戦略広報担当者とはメディア関係者と1回会っただけである程度顔見知りにならなければいけない立場なので、印象が薄いというのは少々不利かもしれません。

　5には、「経営者や幹部を尊敬していない」といった点も含まれます。こういったマイナス感情は、百戦錬磨のメディア関係者にはすぐに見透かされるので注意が必要です。

　7は、行動のスピードに加え、フットワークの軽さも含まれます。腰が重く、なかなか動かない人は、バイタリティが求められる戦略広報に明らかに向いていないと言えるでしょう。

　10は、広報はすぐに効果が出ることが稀なので、プロセス全体を分析し

て、たとえば「今回は掲載されなかったけれど、プレスリリース制作中にこういう成果があった」というような考察をし、それを上司や経営陣に報告できるようでなければいけません。

ときには、プレスリリースの内容は抜群でも、ちょうどその時期に衆議院の解散が決まって新聞もテレビも"選挙一色"になってしまい、取り上げられなかったといったことが起こるのが広報の世界。

そういった情勢の変化やメディアの特性も含めて分析できることが戦略広報担当者には求められます。

3 広報担当者の選定② 「戦略広報」適任者を選ぶプロセス

旧来の選び方では戦略広報適任者は生まれない

かつての日本では、広報担当というのは"さまざまな部署を渡り歩いてきたベテラン社員が、最後にたどり着くポジション"というイメージが強く、実際にそのような配属をしている企業も多かったようです。自社のことを知り尽くしていて、どの部署にも顔が利くし、人当たりもいい……。社内から集まった情報をそのままとめて社外に発信する、という旧来の広報活動をするには、こういう人材がまさに適任だったわけです。

しかし、こと「戦略広報」に関しては、もっとアグレッシブで明確な意図を持った人選を行う必要があります。

戦略広報担当者をどう選ぶか

戦略広報担当者の選定・採用は「新卒を採用して育成」「社内の他部署から抜擢」「中途採用」の3パターンが考えられます。

・**新卒を採用して育成**
戦略広報に意欲的な大企業、もしくは中小でも戦略広報を実践するための基盤がある程度できている企業で多く見られるのが、優秀でポテンシャルのある新入社員を投入して、戦略広報のプロフェッショナルに育成していくというパターンです。

・**社内の他部署から抜擢**
さまざまな企業の広報担当者に話をうかがうと、「以前は社内の別の部

署にいました」という方が多くいらっしゃいます。

　以前の所属は営業系、経営企画系などさまざま。自社の事業についてすでによく理解していますし、社内に人脈もあるので、活きのいい適任者がいるのならこの方法がおすすめです。

　ちなみに、私が企業経営者に"戦略広報向けの人材"について説明すると、即座に「それなら、あいつがいいんじゃないか?」と適任者を思いつくケースがよくあります。

・中途採用

　戦略広報に成功している優秀な広報担当者には、"他社で広報担当をしていて、今の会社にスカウトされた"という人も少なくありません。

　彼らの多くに共通しているのは"以前の広報部では、上の人がいてなかなかやりたいことがやらせてもらえなかった"という点。広報の経験はしっかり積んでいて知識も技術もあるので、新しい会社で"のびのびとチャレンジできる環境"を与えられたことで、才能が一気に開花したということかもしれません。

　では、この3つのパターンのうち、どの方針でいくのがいいのでしょうか。

　これまで広報にほとんど力を入れておらず、これから戦略広報に取り組んでいきたいという企業であれば、まずは「社内の他部署から抜擢」を検討するのがおすすめです。

　すでに会社のことをよく知っており、戦略広報をスタートするにあたっての他部署とのコンフリクトも起こりにくいと考えられるためです(社外からきた広報担当が、戦略広報をパワフルに展開すると、他部署と対立してしまうケースが一部にはあるようです)。

　"少数精鋭の会社で、他部署の優秀な人材を異動させるのは難しい""残念ながら社内に適任者がいない"という場合は、やる気のある優秀な学生を採用し、育てていくことを検討してみてはいかがでしょう。

　そもそも広報活動の基盤がほとんどない企業なら、すでに在籍している

どの社員も"広報の知識も技術も持っていない"状況ですから、新入社員だからといって大きなハンデはありません。若くてバイタリティのある新人なら革新的なチャレンジもやってくれるでしょうし、知識や技術をスポンジのごとく吸収していくはずです。

なお、この後の「教育」でも説明しますが、「社内の他部署から抜擢」と「新卒を採用して育成」の場合は、最低6ヵ月程度の勉強期間が必要になります。

「うちは即効果を出したい」ということであれば、すでに経験を積んでいる外部の人材を採用するのが最善策かもしれません。その場合は、当然のことながら実力のある人材を引き抜くことが重要になります。

転職市場を通じて募集する場合、応募者はおそらく玉石混交ですので、選定は慎重に行う必要があります。

| 適任者を見つけるためのチェックリスト |

- ☐ 広報の基本的な知識を有しているか（習得する能力があるか）
- ☐ 広報の応用テクニックを身につけているか（習得する能力があるか）
- ☐ 社内から潤沢に情報を入手する人脈、能力があるか
- ☐ 各部署に対して広報の提案をプレゼンテーションすることができるか
- ☐ 経営全般について理解できるだけの経営知識を有しているか
- ☐ 常にアンテナを張り、世の中の最新情報を入手できるか
- ☐ ルーティンワークだけでなく、自分から積極的に活動することができるか
- ☐ 多岐にわたる広報業務をこなす業務処理能力を有しているか
- ☐ 結果が出なくても諦めず、次々とチャレンジする精神力があるか
- ☐ 初対面でも臆せず話をすることができるか
- ☐ こちらの主張を伝え、できないことをきちんと断ることができるか

4 広報担当者の教育

広報担当者が身につけるべき4つのスキル

　担当者を配属できたら、次のステップは教育です。

　68ページの図は、広報担当者として身につけておくべき知識やスキルを、「基本」と「応用」に分けて体系的にまとめたものです。

　自社の戦略広報を背負って立つような人材に育てたいのであれば、最低でも6ヵ月間は勉強のための期間を設けたいところです。そして、広報という仕事のアウトラインとその効果について学ぶ「広報入門知識」、新聞・雑誌・テレビ・ラジオなど各メディアの特徴や違いを把握する「メディア知識」、情報収集からプレスリリースの作成、プレスリリースの配信、取材対応など一連の業務を習得する「必要不可欠スキル」、社内のコミュニケーションを主題とする「社内広報」の4ジャンルを身につける必要があります。

　そのなかでも特に重要なのは「基本／実務」の「必要不可欠スキル」にある「ニュース論」「プレスリリース作成法」「取材対応法」の3点になります（図の「※」を参考）。

(1) ニュース論

　何でもかんでも情報を発信すればいいというものではありません。

　メディアが関心を持つ情報には一定の法則があります。それを、きちんと学んで知っているか否かで成果は180度違います。

（2）プレスリリース作成法

意外に難しいのがプレスリリースの作成で、まともなプレスリリースを書ける人が少ないというのが、残念ながら現状です（私は年間20,000〜30,000のプレスリリースを見ていますが、うまく書けているのは2割程度です）。

下手なプレスリリースを送っても、当然掲載されることはありませんので、基礎をしっかりと学ぶ必要があります。

（3）取材対応法

メディアが取材に来た際の対応のルールとマナーがあります。

それを知らないとメディアからひんしゅくを買います。それどころか、それ以降取材に来てくれない可能性もあるので、そうならないための知識が必要です。

社内に広報のノウハウがない場合は、専門機関やコンサルタントの力を借りて、研修を進めていくとよいでしょう。

	基本	期間	応用	期間
理論	■広報入門知識 広報入門（定義、歴史、目的、特徴、効果など） 広報機能論 広報対象論 広報マネジメント論 広報組織論 効果測定法	就任時／習得期間（業務遂行必要知識）就任後1～6カ月	■広報応用知識 CIO研修 スポークスマン育成研修 先端広報組織論 広報ブランド構築法 マーケティングPR IR実務知識 グローバル広報 CSR広報	実務経験1年～ （習得期間） 1～2年
	■メディア知識 メディア理論/マスコミ論 メディア媒体（新聞、専門紙、通信社） メディア媒体（テレビ、ラジオ、雑誌他） メディア業務プロセス		■メディアの現場セミナー 新聞記者セミナー テレビディレクターセミナー 雑誌編集長セミナー Web編集長セミナー	実務経験1年～ （習得期間） 随時
実務	■必要不可欠スキル ニュース論（ニュース価値）* 情報収集法(基本) プレスリリース作成法* メディア対応（基本） ルールとタブー 情報発信法（基本） 取材対応法（基本）* 応酬話法（基本） ファクトブック制作		■プロ広報スキル ニュースバリュー事例研究 社内外情報収集システム 応用リリース（達成リリース、誘導リリースなど） ニュースレター作成法 記者会見法 メディア内覧会法 メディアローラー法 メディアセミナー法 調査PR 電話メディアトレーニング メディア訪問ロールプレイング PR会社活用研修	実務経験1年～ （習得期間） 1～2年
	■社内広報 社内コミュニケーション論 社内情報収集体制 社内報		■社内広報 社内動画広報 社内Web広報	実務経験1年～ （習得期間） 随時

	基本	期間	応用	期間
関連業務	■Web広報 ソーシャルメディア基礎知識 ソーシャルメディアの種類とその特徴 ソーシャルメディア基本業務 オウンドメディア基礎知識 オウンドメディア基本実務	必要に応じて随時習得	■Web広報 ソーシャルメディア別研究 オウンドメディア事例研究	実務経験1年～ (習得期間) 随時
	■危機管理 危機管理の基本 危機管理体制/組織 危機管理マニュアル 危機管理の担当者の選定と心構え 危機の洗い出し 危機発生時の対応方法	必要に応じて随時習得	■危機管理 会見トレーニング 危機管理シュミレーション 全社員啓蒙と研修のトレーニング 模擬訓練	必要に応じて随時習得

6ヵ月程度かけて、基本的な理論・実務を学んだあと、何を学ぶかについては、当人の役職・立場によって異なります。

広報担当者の教育スケジュール

就任時～6ヵ月	必要不可欠な広報知識・スキルの習得

・基本理論（広報入門知識／メディア知識）
・基本実務（必要不可欠スキル／社内広報）

実務経験1年以降	応用知識・スキルの習得

マネジャーの場合	現場担当者の場合
・危機管理[基本] 　(※必要に応じて危機管理[応用]も) ・Web広報（基本／応用） ・応用理論 　（広報応用知識／メディアの現場セミナー） ・応用実務（プロ広報スキル） ・応用実務（社内広報）	・応用実務（プロ広報スキル） ・Web広報（基本／応用） ・（必要に応じて）応用実務 　（社内広報）、危機管理[基本]など

68ページの図「広報研修体系」を見ていただいてもわかるとおり、戦略広報の仕事は広範で、一生かけてプロフェッショナルになっていくような世界です。

　ところが多くの企業では、広報の仕事を全社的なOJTのジョブ・ローテーションの一部に含めています。すると"1年目はとにかく勉強、2年目でようやく基本的なプレスリリースが書けるようになり、3年目でようやく一人前になって企画を打ち出せるようになり、さていよいよこれからが本番"というところで、別の部署へ異動になってしまいます。これでは戦略広報の専門家が育ちません。

　自社のPRを担っていくプロフェッショナルを育成するには、長期のキャリアプランの立案が必須です。

　新卒、もしくは社内の他部署の人材を広報担当者に据えた場合の、理想的なキャリアプランは以下のようになります。

長期のキャリアプラン例

就任3年目まで	広報部のアシスタントとして、広報の知識と業務を習得する
4～5年目	広報部の主要メンバーとして仕事をこなす
6～10年目	他部署（マーケティング部や開発部など）で、経営業務の経験をする。社内での人脈を強固にすることにもつながる。他部署の人材を広報担当者に抜擢した場合は、このプロセスは省略（または短縮）してよい
11～20年目	広報部に戻り、広報マネジャーに。戦略広報の最前線で実務をこなしながら、それと並行して広報理論の応用やより高度な広報スキルの取得にもつとめる
21～30年目	広報部責任者（部長など）として、自社の戦略広報全般を仕切る
30年目以降	広報部役員（CCO※）に着任

※Chief Communication Officer：企業におけるコミュニケーションの統括責任者

5 広報方針および戦略の立案

戦略広報を成功させるための重要点

　半年間におよぶ教育期間を経て、担当者が広報の理論・実務の基本を身につけたところで、広報方針と戦略の立案に着手します。

　実施フローは下の図のとおりですが、具体的な内容は第2章の「『戦略広報』成功のための最重要課題」をご覧ください。

広報方針と戦略の立案　実施フロー

第1段階	**経営戦略の把握** 自社の経営理念、目標、経営計画、事業計画などを把握する
第2段階	**経営戦略に沿った広報戦略を立案** 広報の理念、方針、目的、目標を決める
第3段階	**広報計画の策定** 中長期計画、年間計画を策定

こののち、第4段階の「広報の年間計画に沿って広報活動を実施」、第5段階の「効果を測定し、分析・評価」と続く

6 社内への周知

戦略広報の必要性や効果を知らしめる

　戦略広報は「戦略」や「年間計画」ができたからといって、すぐに始められるものではありません。
　この段階で、必ずやっておかなければいけないのは、社内に戦略広報の必要性や効果を周知し、協力を要請することです。
　なぜなら社内の協力を得られず、各部署の情報が広報部に集まってこなければ、戦略広報の主たる目的である「社外への情報発信」が行えないからです。
　その際に、カギになるのが"管理職"の存在です。
　戦略広報がうまくいっていない会社では、現場の人たちは戦略広報の有用性を理解し、積極的に協力しようとしているのに、上司や管理職が「何をやっているんだ。もっと大事な業務があるだろう」というように、ブレーキをかけているケースがよく見られます。これは上司や管理職への周知不足が原因です。
　戦略広報は効果が出るまでに時間がかかるということを含め、立案した短期・中長期の広報戦略をしっかりと説明し、納得してもらう必要があります。
　では、どのようなステップを踏めばベストなのか、順を追ってご説明していきます。

経営トップが戦略広報の開始を宣言

　戦略広報というのは、従来の実務的な広報活動とは一線を画す新しい概

念なので、導入の際には経営層からのトップダウンによる活動推進を行うのがベストです。

　戦略広報がうまくいっている企業の多くは、トップ自らが陣頭指揮をとって推し進めています。経営者自らの発信で、戦略広報という取り組みがしっかりオーソライズされていると、その後の広報担当者の動きやすさがまったく違います。

　その際に私がおすすめしているのは、「儀式」を行うこと。

　社員全員を集めた全社会議や経営会議などで、トップが「これから、戦略広報をやっていくぞ！」と宣言するのです。

　そして、口頭で伝えるだけでは、内容がよくわからない人や、すぐに忘れてしまう人もいるので、文書にしたものを社内報やイントラネットによって確実に伝えます。

各部署の責任者にレクチャー

　戦略広報スタートの宣言が行われたら、情報発信に取り組む前に、社内の全ての部署を回り、責任者に向けて戦略広報についてのレクチャーを行います。

　「広告至上主義の時代」の成功事例が頭から離れず、「広報」の効果をなかなか理解してくれない管理職が多いと思います。ですが、そこは諦めずにしっかりと効果を説明し、"全社で取り組んでいくことなのでぜひとも協力してほしい"という旨を伝えてください。

　説得に効果があるのは、成功事例の紹介です。

　たとえば、過去に、広報活動によって新聞に掲載された自社製品に関する記事と、その記事をきっかけに売り上げが上がったというデータを一緒に見せれば、「あの部署のヒット商品は、広報から生まれたのか」と、広報を見る目が大きく変わります。

　過去に広報活動による成功事例がなくても、おそらく「こちらからはアプローチしていないのに、たまたま新聞やテレビで取り上げられ、売り上げも上がった」といった例がどの会社にもあるはずです。その場合は「これは"棚からぼた餅"の例ですが、今後は戦略広報として、組織的・計画

的に情報発信していくので、このようにメディアで取り上げられる確率が確実にアップします」と話せば、理解されやすいでしょう。

また、他社の戦略広報の成功事例を示すのも効果的です。特に、ライバル会社の成功事例があれば、身を乗り出して真剣に話を聞いてくれるはずです。そして多くの場合、「なんだ、あの会社がしょっちゅうテレビで取り上げられているのは、そういうカラクリがあったのか」「うちは製品では負けていないけれど、広報が弱かったんだな」「よし、うちもやろう！」と士気が上がることが大いに期待できます。

各部署に広報係を設置

各部署の責任者に戦略広報のレクチャーをした後、その部署内の情報を常に把握し、プレスリリースのネタになるような情報があればすぐに広報部に伝える人材＝「広報係」を１名任命してもらいます。

プレスリリースのネタは新製品の情報が中心になるのだから、広報係は開発部やマーケティング部だけに設置すればいいと思うかもしれませんが、たとえば人事部がつくる人事制度のなかにも、メディアにとって"ぜひ取り上げたいニュース"が眠っています。そういった情報を、広報係を通じてキャッチした広報部がメディア関係者の興味を引くような表現で情報発信していけば、メディアへの露出が期待できます。

たとえばソフトバンクは2016年秋に社内規定を見直して配偶者の定義を改定しました。同性パートナーであっても、配偶者として認められれば、結婚休暇や慶弔見舞金、転勤の場合の別居手当などを受け取れるようにしたのです。この人事制度がニュースになることで、ソフトバンクは「ＬＧＢＴフレンドリーな企業」というイメージを世の中に広めることに成功しています。

166ページで詳しくご紹介している近畿大学の場合は、大学の附属高校や幼稚園も含めた、あらゆる部署に広報担当（＝広報係）を任命。附属高校の広報担当からの情報をもとに「今年の附属高校の体育祭は３年生の団結力が素晴らしい」という内容のプレスリリースを出したら、全国紙全ての地域欄に記事が掲載されました。附属幼稚園の広報担当からの「附属幼

稚園の餅つき大会に、近畿大学相撲部の部員たちが参加」という情報は、NHKテレビの地域のニュースで放映されました。

そのほかにも、各企業のさまざまな部門の情報がメディアで取り上げられた例を120ページでもいくつか紹介していますので、ぜひ参考にしてください。

なお、広報係の選定は各部署の責任者にお願いするわけですが、そのなかには新人社員を任命しようとする人が必ずいるはずです。

これはできれば避けたいところ。まだ一人前になっていない新人のところには、なかなか情報が集まりませんから、その部署のことをよく知っていて、メンバー全員に顔が利く中堅クラスの人を選んでもらいましょう。その上フットワークの軽い人材であれば完璧です。

広報係への広報実務の説明

社内の情報を広報部へ集約するためのキーパーソンとなるのが、各部署の広報係。

戦略広報を導入する最初の段階で、全員を集めて（もしくは何回かに分けて）、しっかりとレクチャーを行い、「自分はこの部署の広報リソースを管理する人間なんだ」と自覚してもらいましょう。

説明する内容は以下の通りです。

（1）広報の必要性　18ページ
（2）広報の基礎知識（広報とは何か）　20ページ
（3）広報業務全般の説明　53ページ
（4）広報係の役割
（5）伝達内容と方法（何をどのように伝えるか）
（6）広報部との社内ルールの説明
（7）広報連絡会議への出席の依頼

　（1）から（3）はそれぞれ該当ページを参照。（5）から（7）につい

ては、78ページからの「広報リソース収集システムの構築①②」で解説します。

（4）広報係の役割とは、所属する部署で進行中の事業や施策に関する情報のなかに、「これはメディアに向けて発信すべきではないか？」というものがあれば、すぐに広報部へその内容を伝えるということです。

広報係に任命された大半の人たちにとって、テレビや新聞の世界というのは「自分たちの世界とはまったくかけ離れたもの」という感覚があるかもしれません。

しかし、マスコミ関係者も我々と同じ企業人であり、きちんとステップを踏んだ情報提供やアプローチを行えば、番組や記事で取り上げてもらえるということを、この段階でしっかり伝え、「なんだ、そんなに近い世界なんだ」「私にもテレビや雑誌に出るような情報を提供できるかも」ということをわかってもらうことがとても重要です。

社内へのさらなる啓蒙活動

ここまでご紹介した社内周知のプロセスがきちんと踏めれば、戦略広報の立ち上げはかなりスムーズなものになるでしょう。

もちろん、一部には戦略広報に対する理解が足りず非協力的な言動をする人が出てくるかもしれませんので、そういった人に対しては、丁寧な説明を何度も繰り返す必要があります。

その際、他部署の情報がメディアで取り上げられるようになると、より説得力のある説明ができるようになります。

戦略広報先進企業のなかには、啓蒙のために次のような形で社内周知を行っているところもあります。

（1）全メンバーを集めた「部署説明会」

現場の社員1人ひとりが広報の大切さを理解してくれれば、情報の集約はさらにスムーズになります。

そこで、部署の全メンバーを集め、広報の目的、意義、効果について解説する説明会を開催します。

この説明会の最大のポイントは、「情報を提供すると、どんないいことがあるか」を理解してもらうことです。ですからここでも「競合他社の成功事例」を紹介することが、もっとも効果的な手段になります。
　ただ、必ずしも全ての部署に対して一律に部署説明会を開く必要はありません。たとえば、新製品の情報を逃さず発信したいのであれば、まずは企画部と開発部だけに部署説明会を行うというように、優先順位をつけてもいいですし、情報収集の仕組みがある程度回り始めた段階で、他の部署に比べて情報提供数の少ない部署を対象に部署説明会を開催し、所属メンバーの士気を高めるといった方法もあります。

（2）キーパーソンへの「個別説明会」

　長年その部署にいて業務の内容をくまなく把握し、メンバーからの信頼も厚くて影響力が大きい。そういった"現場のキーパーソン"に対する個別説明会を行っている企業もあります。
　なぜなら、たとえば課長が戦略広報に理解を示しているにも関わらず、そのキーパーソンが「うちの課長はあんなふうに言っているけれど、広報の手伝いなんかしても意味ないから、協力しなくていいよ」と言ったせいで、課全体が協力してくれなくなる。影響力のあるキーパーソンの言動次第で、そういったことが起こり得るからです。
　一方、キーパーソンが戦略広報のよさを正しく理解してくれれば、部署全体が一気に協力的なムードに変わることもあります。
　たとえ初回の個別説明で説得し切れなくても、他の部署の情報がメディアに出るようになってくると、「なるほど。以前に広報部が言っていたのは、こういうことか。よし、それならウチもやろう」という展開になることもあるので、諦めずに説明・説得を重ねていってください。
　個別の説明会のメリットは、どんなに細かな疑問や質問であっても、きっちりと答えられるということ。ですからキーパーソン以外の人たち、たとえば管理職や広報係などでも、"この人にはもっと理解してもらう必要がある"という場合にはぜひ個別に説明する場を設けてください。

7 広報リソース収集システムの構築①
円滑に情報が集まる仕組み作り

情報提供のルール化・明文化を行う

　ここでは、各部署の広報係から広報部への「ホットライン」を100％機能させるための仕組み作りについて解説します。

　当然のことですが、広報係は全員が本来の業務を抱えていて、「広報部への情報提供」は優先順位が低くなりがちです。「いい情報があったら、広報部に電話してください」といったような依頼の仕方では、まず情報は集まりません。

　「どのような情報を・どういったタイミングに・どのような方法で広報部に知らせてほしいのか」を、きちんとルール化・明文化しておく必要があります。

伝達ルール　3つのポイント

　各部署の広報係からの情報提供について、明確なルールを決める必要があるのは、以下の3点です。

(1) 広報部に知らせるべき「情報」

　広報部はどんな情報を欲しているのか、その条件や切り口を部署ごとに明確にし、「情報発信基準」という形で示します。

　たとえば総務部の場合、「社内イベントの開催が決まった」「社員が外部機関から表彰された」「ユニークな活動をする社員を見つけた」というふうに条件を決め、「この3項目に関しては、どんなに小さな情報でも構わないので、必ず広報部に教えてください」と、きちんと文書にした情報発

信基準を作成してください。

　新製品に関しては、1年間に発売される点数が膨大で「大型商品の情報だけでよい」としている企業がある一方で、「どんなに小さな商品でも必ず情報をください」と強く求めている企業もあります。

　広報部員があまりおらず、たくさんの情報が集まってもさばき切れないようであれば、広報係の方である程度情報を選別してもらう必要があるでしょう。
　しかし広報係の戦略広報に対する理解が十分でないうちから、情報の選別を全て任せてしまうと、"プレスリリースの素材にできる情報"を上手に見極められず、せっかく"メディア受けしそうなネタ"があっても切り捨ててしまう可能性があります。ですから戦略広報をスタートする段階では、できるだけ幅広い情報を集められるような「情報発信の基準」を設定しておくとよいでしょう。
　それとは別に、たとえば発売50周年を迎える商品に関して「商品自体は何も変わらないけれど、50周年ということで何か広報活動ができないか？」といったアイデアを広報部に向けて発信してもらうことも有用なので、広報係の人たちが企画提案しやすいような受け皿をつくっておくこともおすすめです。

（2）広報部に知らせる「タイミング」

　124ページで詳しく説明しますが、新製品発売の情報を雑誌に載せたい場合、プレスリリースを製品発売日の数ヵ月前に配信する必要があります。
　広報部に情報が入ってから、「どのような切り口で、どのメディアを狙うか」といった戦略を練り、プレスリリースを完成させるまでに1ヵ月はほしいところなので、新製品発売の情報はできるだけ早く教えてもらうようにすべきです。

（3）広報部に知らせる「伝達方法」

　情報の伝達は「紙」「メール」など、内容がきちんと残せるものを選び

ます。

　あまり望ましくないのは「電話」です。内容が正確に伝わらないこともありますし、「言った・言わない」という問題が発生する危険もあります。「広報部に電話したら話し中で、あとでかけ直すつもりが、結局忘れてしまった」というのもよく聞く話です。よほど広報部がアクティブで、「電話１本もらえれば、すぐにこちらから話を聞きに行きます」といった体制がとれているといった場合を除き、電話は伝達方法に入れない方が賢明でしょう。

　なお、「紙」にせよ、メールやイントラネットといった「デジタル」にせよ、必ずフォーマットを決めておくことが基本です（フォーマットの見本は次ページの図参照）。

　そうすると、広報担当者も何を書けばいいかわかりやすいでしょうし、広報部はとりあえず必要な情報をもれなく入手することができます。イントラネット上に「広報ホットライン」といった専用メニューを構築できれば理想的です。

　戦略広報先進企業のなかには、広報係から広報部へ単に情報を提供するのではなく、各部署の広報係がプレスリリースの原案を書いて広報部に提出している企業もあります。

　担当部署の人間がプレスリリース（の原案）を書くことの最大の利点は、熱意や愛情がこもった情報発信になるということです。もちろん、広報部員によって文章を整える、ニュースバリューを高めるために周辺情報を付加するといった編集作業は必要になるのですが、このスタイルは広報係に情報発信者としての自覚を持ってもらうという意味でもとても効果的な方法です。

　こうした「広報リソース収集システム」の構築、そして各部署の「広報係」の選定と説明会は、本格的に戦略広報をスタートする３ヵ月前に完了しておけるとベストです。

| 広報部連絡シート |

新商品版

部署名	
担当者名	

商品名	
発売日	
販売場所	
金額	
数量	

発売目的	
市場背景	
商品内容	
競合商品	
商品特長	
開発苦労話	
その他	

第3章 「戦略広報」を社内に定着させる7ステップ

	広報部連絡シート　記入例

新商品版

部署名	カレー総合研究所　カレー大學事業部　企画チーム
担当者名	山崎三芳

商品名	「カレー大學銀座食堂」カレー店舗
発売日	2017年7月1日〜30日／土日限定
販売場所	東京都中央区銀座5丁目
金額	カレー@1200円〜
数量	各日50食限定

発売目的	「スパイスカレー」の東京での普及 (最先端の情報発信地の銀座で最新のカレーを知ってもらう)
市場背景	大阪発のスパイスカレーが全国的ブームの兆しあり
商品内容	スパイスカレー（日替）@1200円 ・あいかけ（2種）カレー ・インド料理とは異なるスパイス使用のカレー
競合商品	なし
商品特長	日本人仕様のスパイス使いで、日本人のためのスパイスを巧みに用いたカレー
開発苦労話	シェフが大阪まで何度も研究に行き、本場を上回るカレーをつくりあげた
その他	

広報リソース収集システムの構築②
仕組みを機能させるフォロー

広報リソース収集システムを機能させる

　各部署から広報部へ情報が集まってくる仕組みをつくったら、それが機能するようにフォローする必要があります。
　ぜひ実施していただきたいのは以下の3つです。

（1）広報連絡会議の実施
　各部署に散らばっている広報係を集めて行う会議です。戦略広報の先進企業では、年に数回、多いところでは月に1回行っています。内容は主に次のとおりです。

・成功事例の共有
　メディアで取り上げられた成功事例について、「どのようなプレスリリースを出したか」「どのような記事（番組）になったか」を報告します。
　新聞や雑誌の記事であれば、掲載時に切り抜きを回覧してメンバーに見てもらうことができますが、テレビニュースや情報番組に登場したシーンをリアルタイムにチェックできる人は限られます。ですから、こういった情報共有の場で内容を伝えることで「うちも頑張ろう！」と思ってもらうことができます。
　なぜメディアに取り上げてもらえたのか、そのポイントを、たとえば「世間の〇〇ブームにタイミングよく乗れたから」「現場の取材対応が非常に早かったから」というように毎回具体的に伝えていくことで、広報係のスキルや"情報を見極める目"も向上していきます。

この会議で、毎回「情報提供数・リリース発信数・メディア掲載数」を部署ごとに集計したものを発表することで、広報係のモチベーションアップにつなげている企業もあるようです。

・情報発信時期の調整

40ページのような広報年間計画をつくっても、急きょ決まった新製品発売やユーザー向けイベント、人事規定の突発的な変更などさまざまな事案が一定の時期に集中してしまったり、反対に社内の事情で発信する情報のない"空白期間"ができてしまったり、ということがよくあります。その調整を広報係が全員参加した場で行えるのも、この会議の利点です。時期を前や後ろにずらせるものはずらしてもらい、バランスよく情報を発信できるようにします。

このプロセスを経ずに、広報部が勝手に情報の優先順位を決め、「うちの部署の重要なイベントなのに、プレスリリースの発信もしてもらえなかった」といったことになれば、広報係のモチベーションが下がってしまいますし、場合によっては広報係が現場の人たちから責められるような事態にもなりかねません。

・勉強会

ある程度回数を重ねたところで、広報係の意識やスキルを高めるための「勉強会」を取り入れることもおすすめです。

メディア関係者を招いて業界の仕組みについて語ってもらう、広報の専門家に情報発信の極意を教えてもらうなど、その内容はさまざま考えられます。私自身も企業内のこういった会議に呼ばれてプレスリリースの書き方を指導することがあります。

すこし細かい話になりますが、全国展開をしている企業で、各拠点に配置している広報係を本社に集めたいけれど、「会議」という名目だけでは出張交通費の請求が厳しいという場合があります。そのとき、「勉強会」や「研修」という扱いの催しであれば予算が通しやすい、という現状もあるようです。

以上が広報連絡会議のポイントです。各部署に広報係を置くこと、そして定期的に彼らを集めて情報を共有することは、戦略広報の成功に欠かせませんので、ぜひ実践してください。

（2）情報提供がなかったことに対する抗議

社内周知を徹底し、広報係に細かい指示を出し、ホットラインを設置しても、大事な情報が広報部に知らされない事態は起こります。忙しくて広報への連絡にまで頭が回らなかったせいかもしれませんし、情報のもとになる担当者が「絶対に必要ない情報だ」と決めてかかって広報係に伝えなかったせいかもしれません。

いずれにせよ、その事実を把握した時点で広報部は広報係にしっかりと抗議してください。そうしないと「情報を報告しなかったけれど、広報部から何も言ってこない。その程度のことなのか……」という受け取られ方をして、なし崩し的に情報伝達がなくなってしまう危険があります。情報伝達漏れがあれば、その都度きちんと抗議するとともに、あらためて広報の重要性を訴える、ということが肝心です。

（3）定期的な社内周知活動

導入時に「各部署の責任者へのレクチャー」や「部署説明会」などを通じて、広報の重要性を十分伝えたとしても、新しく入社してくる人や部署を異動する人、管理職に昇進する人もいます。それに、スタート時点では社員の間に「よし、広報に協力しよう！」という熱い思いがあっても、時を経るうちにだんだんと沈静化していってしまうはずです。

ですから1年に1回程度の頻度で、再び周知活動や啓蒙活動を行う必要があります。そのためだけに多くのメンバーを集めるのはなかなか難しいので、たとえば「部課長連絡会議」「部門会議」「○○部定例会」といった既存の会議のなかで30分ほど時間をもらい、広報からのお願いや成功事例の紹介をしましょう。

9 ファクトブックの制作①
メディア向けの会社案内をつくる意味

ファクトブックとは

　プレスリリースの配信を始めると、それを見て興味を持った新聞記者やテレビ番組の制作ディレクターといったメディア関係者から取材を受ける機会が徐々に増えていきます。

　その際に「ウチはこのような会社です」と自社の概要や魅力を紹介するために手渡す会社案内、あるいは新聞社やテレビ局に足を運び、メディア関係者にあいさつをするときに手渡す会社案内、それが「ファクトブック」です。

　戦略広報先進企業の多くが作成していますが、それ以外の企業ではまだその存在すらほとんど知られていないものです。

　もちろんどの企業も、すでに会社案内はお持ちでしょう。

　ところが、リクルートを主な目的とした会社案内は、"職場の雰囲気のよさ"や"福利厚生の充実"が強調され、社長のあいさつにはよそゆきの笑顔の写真が添えられ、"職場のみんなが楽しそうに肩を組む"という、日常の業務とは少々かけ離れた写真が大きく扱われていたりします。営業活動のツールとしてつくられた会社案内の場合は、商品やサービスの魅力が即座に伝わるように、セールストークのキーワードを散りばめたキャッチフレーズばかりが並んでいて、基本的な事業内容すらよくわからないものが大半かもしれません。

　そういった会社案内をそのままメディア関係者に渡しても、彼らがほしい情報はほとんど載っていませんから、残念ながらパラパラめくってお払い箱です。

そこでメディア関係者向けに、新たにファクトブックを作成してほしいのです。

ファクトブックの目的① 自社を知ってもらう

メディア関係者にファクトブックを配付する第一の目的は、企業の概要を的確に理解してもらうことです。

たとえばどこかの新聞社の記者が、A社のプレスリリースを読んで興味を持ち、A社に取材しようとした場合。A社が誰もが知る有名企業であれば、どんな事業を行っているのかおおよそわかっていますから、改めてA社の基本情報を調べる必要はありません。しかしそうでない場合は、取り上げる内容がA社の新商品であれ、A社が主催するイベントであれ、記者が記事を書き上げるためには、A社がどのような企業なのかを知っておく必要があります。

さらに付け加えると、未知の企業を取材する記者は"A社は信用のおける会社なのか？ 新聞記事にしても大丈夫だろうか？"ということを非常に気にします。記事を掲載した後になって"実は問題のある会社だった"などということが判明したら一大事だからです。そのようなメディア側の不安を払拭するためにも、自社の事業内容や実績をきちんと伝える必要があります。

「自社を正しく知ってもらう」という観点でいくと、ヒット商品や広く知られるサービスを持っている企業や、ある程度知名度のある企業でも、絶対にファクトブックをつくった方がいいケースが数多くあります。

それは、たとえば「世間からイチゴジャムの会社だと思われているけれど、実は園芸用品や肥料もつくっている」「元・豪華客船クルーが創業した旅行代理店だから、船旅のノウハウはどこにも負けないのに、そのことが知られていない」というように、メディアを通じて社会に広く知らせたい"我が社のファクト"がある場合です。

事業の概要や実績とともに、そういった"伝えたい自社の強みや魅力"を確実に読み手に届ける上で大切なポイントが3つあります。

ポイント1
興味を持って読み進められるような"読み物"の形に仕上げる

　自社に取材に来てくれたメディア関係者に企業概要をざっくり説明して、「細かいところは、これをお読みください」とファクトブックを渡す。受け取ったメディア関係者は、帰社してから、あるいは社に戻る乗り物のなかでファクトブックを開いたらとても読みやすく興味深い文章なので、思わず最後のページまで読み切ってしまった……。目指すのは、そのようなイメージです。
　もちろんおもしろく読めるだけでなく、ファクトブックに書かれている内容がその記者にとって"記事を書くのに役立つ資料"になっていなければいけないというのは言うまでもありません。

　ここで、ファクトブックに掲載するとよい項目をピックアップしておきましょう。

ファクトブックの掲載要素

- 基本情報（目次、あいさつ、連絡先など）
- サマリー
- 企業概要
  （歴史、売り上げ利益の推移、従業員数、事業所および店舗、実績など）
- 経営者情報
- 企業理念（ミッション、ビジョン、社会的使命など）
- 経営戦略
- 事業概要（事業内容、システム、特徴）
- ブランド概要
- 商品概要
- 業界動向

> - ●業界における自社のポジショニング
> - ●企業および経営者、商品の特記事項
> - ●商品詳細情報（代表商品の特徴記載）
> - ●店舗情報（店舗一覧、代表店舗の具体的な紹介）
> - ●企業基本データ

　こうして見ると、"一般的な会社案内と何も変わらないのでは？"という印象を受けると思います。
　しかしファクトブックには、さまざまな仕掛けが散りばめられているのです。

ファクトブックの目的②　メディア露出を後押し

　プレスリリースは"ニュースリリース"という別名があるとおり、基本的に何かしらのニュースがあったときに配信します。
　そして、それを読んで"これは広く知らせる価値がある"と判断したメディアが、記事や番組で取り上げる。これが、広報活動が実を結ぶ、いわば王道パターンです。
　ところで、メディアの側になって考えてみると、企業の情報を盛り込んだ記事や番組をつくるパターンはほかにもあります。
　たとえば「おもしろい経歴の社長を集めて特集を組みたい」「男性の育児参加に関する記事に、企業の取り組みを入れたい」「世間では知られていない"圧倒的なシェアを誇る会社"を、番組のコーナー企画に入れてみてはどうだろう？」といった具合です。それを実現するためには、「その企画にぴったりな会社」を見つけ出さなければなりません。
　そこで効いてくるのがファクトブックです。

ポイント２
ニュースバリューを散りばめる

　ニュースバリューとは、"ニュースとしての値打ち"や"報道するに値

する価値"といった意味。

　私は広報が発信する自社の情報に"メディアが思わず取り上げたくなるニュースバリュー"を持たせるには、「新奇性」「人間性」「著名性」「社会性」「影響性」「地域性」のいずれかが盛り込まれていなければならないと考えています。

　116ページで、プレスリリースにいかにしてニュースバリューを持たせるか、ということを説明しますが、ここでは"ファクトブックのなかに、いかにしてニュースバリューを組み込むか"という点に的を絞って解説していきます。

・新奇性

　それまでになかった「製品」「生産方法」「サービス」「制度」「業態」「組み合わせ」といった目新しい事象をピックアップし、その目新しさや珍しさをわかりやすく伝えます。

・人間性

　日々の報道をご覧になればわかるとおり、マスコミは"人間ドラマ"が大好きです。ですから社長のキャラクターがわかるエピソード、創業者の苦労話、ヒット商品の開発ストーリー、ちょっと変わった経歴を持つ社員の情報などをファクトブックのなかに仕込んでおくと、それがメディアに取り上げられる可能性があります。

・著名性

　たとえば「顧客にこんな有名人がいる」「あの有名な○○賞を受賞」「オフィスをデザインしたのは、誰もが知るあの建築家」「あの有名企業とコラボレーションした製品がある」など、著名なヒトやモノと関わっていれば、その情報をファクトブックのなかに投入してください。

・社会性

　「この分野での社会貢献は、20年以上継続」「全管理職に占める女性の割

合が45％を超えた」など、社会的に有意義な取り組みをしていることを強調します。

・**影響性**

具体例としていちばんわかりやすいのは、何か特定のジャンルに関して「リーディングカンパニー」であること。

「外国人従業員の活用に関しては、どこにも負けません。常に月に数回は、他社の人事担当者が見学にみえています」「○○の分野では10年連続シェアナンバーワンです」など、一目置かれる存在だということを強調します。

ちなみに、メディア関係者が大好きな「シェアナンバーワン」という勲章を持っていない企業でも、その商品やサービスの市場を細分化してみてください。

たとえば「引っ越し業界全体でのシェアは10％だけど、"単身男性の引越し"ならシェアは全国ナンバーワン」といった"ファクト"が見つかりやすくなります。

・**地域性**

「主要製品には、○○産の木材を使用」「毎年恒例の○○祭りは、準備段階から片づけまで、全社を上げて応援している」といった地元メディアが飛びつきそうなネタがあれば、ぜひ盛り込んでください。

先ほどは「"企画ありき"で、それに適した企業を探す」という流れを想定しましたが、企画が浮かばずに困っている番組制作スタッフが「以前、B社のファクトブックに書いてあった、あのネタでコーナーが１つつくれるかもしれない」と思いつく可能性も大いにあります。

常にメディア視点を意識して、ニュースバリューのある自社の特徴・強みなどをファクトブックに散りばめてください。

それから、メディアは記事中に数字を盛り込みたがる傾向があるので、

売り上げの規模、利益率（額）の増加、業界内シェア、店舗数増加といった"いい数字"があれば、ぜひグラフ化してわかりやすくアピールしましょう。

ポイント3
自社をとりまく周辺情報も入れる

　掲載する内容が、自社の事業内容やさまざまな社内情報だけにとどまらないのが、ファクトブックのもうひとつの特徴です。
　競合他社を含めた業界全体に関する基礎知識や、業界の最新事情といった"ファクト"も上手にまとめて掲載しておくと、それを読んだメディア関係者の理解度はさらに深まりますし、記事や番組をつくるに当たっての資料としてそのまま活用できます。
　たとえば、自社が新しく手がける香辛料をフューチャーしたいのであれば、「日本の家庭で香辛料が使われるようになった歴史やエピソード」「世界の香辛料産地トップ５の紹介」「この20年間での消費者の香辛料に対する意識の変化」などを、グラフなどを含めながら読み物としてまとめてもいいでしょう。
　また、たとえばレンタルスペース・サービスを行う企業なら、SOHOやスタートアップ企業の動向、「倉庫系ベンチャー」「アート系ベンチャー」の実例紹介などを語るなかで、自社のサービスの有用性を浮かび上がらせるという"ファクト"のまとめ方もできます。

10 ファクトブックの制作②
メディア関係者がほしい情報を散りばめる

ファクトブックの形式

　まだ、一般企業にはその存在すら知られていないファクトブックですが、戦略広報先進企業では、かなりの高確率でファクトブックが制作されています。

　それらに共通しているのは、印刷会社で印刷した立派な冊子ではなく、ワードやエクセルでつくった文書を、自社のコピー機で出力し、ホチキスでとめただけ、という手作り感満載のものだということ。一見すると、ふだんの社内会議の資料のようです。小さな会社だけでなく、大企業も有名企業も同じ。

　その理由は3つあります。

(1) 配付部数が少ない
　ファクトブックはプレスリリースのような公式の報道資料ではなく、お会いしたメディア関係者へ個人的に手渡しする広報ツール。月に配付する数はどんなに多くても100部程度です。

(2) 内容をカスタマイズできる
　"出力してホチキス"という形式だと、配付先のメディアの特性や狙いによって、内容をカスタマイズするのが容易です。
　たとえば「研究所の内部を紹介しているページは、テレビ関係者に渡すファクトブックだけに入れよう」「あの雑誌の編集長に渡すファクトブックには、社長の苦労話のロングバージョンを入れておこう」といった具合

です。

(3) 内容を常に更新できる

　売り上げ推移や従業員数、業界紹介ページのデータ欄、官公庁の調査データなどは、常に最新の数字に書き換える必要があります。

　さらに、ファクトブックの配付をしばらく続けていると、「メディアの人はこういうところに目をつけるのか」という、意外な注目ポイントがわかってくることがあります。

　その場合は、その注目ポイントについてもっと詳しく書く、といった改訂も手軽に行えます。

　なお、ポイントとしてわざわざ強調はしていませんが、手作り感満載の資料には"選ばれた者だけが受け取れる、非公式の資料"というファクトブックの性質を形から表現できるというのも理由のひとつです。

　ただし、体裁は素人っぽくてよいのですが、文章は高いレベルを保つ必要があります。メディア関係者の多くは文章のプロ、もしくは文章のプロと常に仕事をしている人たちですから、稚拙な文章はよくない印象を与える場合もあります。

　社内に適任者がいない場合は、プロのライターと一緒に制作するのがおすすめです。

　まだファクトブックを持っていない企業が大半です。早い段階でニュースバリューを詰め込んだファクトブックをつくり、ライバルに差をつけましょう。

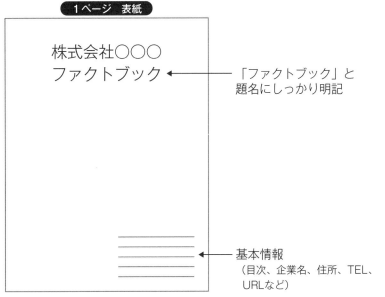

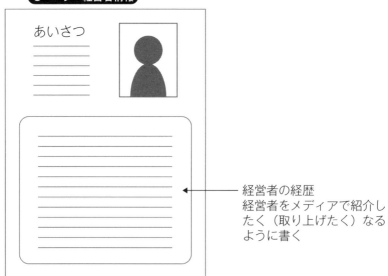

【 5ページ　事業概要 】

事業内容

システム

特徴

← 初めての人にも理解できるようにまとめる

第3章　「戦略広報」を社内に定着させる7ステップ

【 6ページ　ブランド・商品概要 】

事業を理解できるよう（理解促進）、代表的な商品・サービスで具体的に説明する

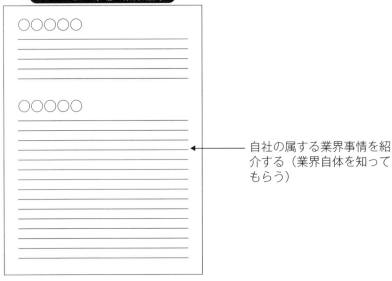

自社の属する業界事情を紹介する（業界自体を知ってもらう）

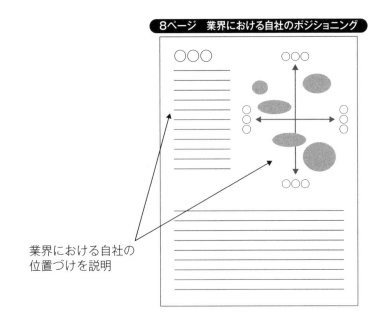

業界における自社の位置づけを説明

9ページ　企業概要

歴史、売り上げ利益の推移、従業員数、
事業所および店舗、実績など

← なるべく数字を多く用いて構成する

10ページ　企業データ

企業および経営者、商品の特記事項

商品詳細情報
（代表商品の特徴記載）

店舗情報
（店舗一覧、代表店舗の具体的な紹介）

← 自慢できる企業の実績を最後にアピールする

第3章　「戦略広報」を社内に定着させる7ステップ

11 メディアへの情報発信の開始

年間プランに忠実に情報を発信する

　ここまでの準備ができたら、いよいよ戦略広報のスタートです。

　なお、活動開始日はあらかじめ決めておいてください。「状況が整ったら始めましょう」と言っていて、1年経っても2年経っても始められていない企業を、たくさん見てきました。

　そして、開始日を決めたら何があっても先延ばしをしないでください。社内を巻き込むには結果を出すことが何より大事なので、とにかく情報発信を始めることが大切です。

　ただし準備不足なままの見切り発車では、望ましい成果を期待できませんから、あくまでもしっかり準備した上で行ってください。

　初めは思うように結果が出ないのが当たり前なので、決して諦めないでください。「プレスリリースを出し続け、半年後にようやくメディアに取り上げられた」というのはよくある話です。

　そして年間プランに沿って忠実に情報発信をしていき、そのたびに「Plan→Do→Check→Act」で結果をチェックし、1つひとつ考察した上で、やるべきことをノウハウ化します。

　プレスリリースの書き方から、結果の評価まで、日常の広報業務の進め方については、次章で詳しく解説していきます。

　なお、次ページで広報パーソンの心得を紹介しています。戦略広報をスタートする前に、改めて心に刻み込んでください。

広報マネジャー「管理者心得」(導入する際の心構え)

- [ ] 広報の本質を理解する。中途半端な理解では始めない
    - —広報は広告の一機能でない
    - —短期的に売上を上げる一過的なものではない
- [ ] 長期的な戦略と目標を立案してから取り組む
    - —長期目標を達成するために、一年一年ステップアップする
    - —とりあえずやってみようでは成果は期待できない
- [ ] 始めるとなったら石の上にも3年の精神で粘り強く
    - —広告のように短期的成果を出すものでない
    - —3年で徐々に成果を出すくらいの余裕が必要だ
- [ ] 広報は全社で取り組むもの。全社対応の基盤を整えていく
    - —広報部やマーケティング部など部課単位での取り組みだけでは成果が限定的になる
    - —経営戦略、経営計画など全社で取り組んでいくこと
- [ ] 広報は体制作りと人材育成が肝である
    - —広報はネタの発掘および収集から配信、取材対応まで一連の社内システムの構築が必要。この体制を構築すべし
    - —また、それを遂行する人材育成が重要である

広報マネジャー「広報実行心得」

- [ ] 一喜一憂しない
    - —すぐに成果が出なくても飽きらめない
    - —逆に短期的成果が出ても勝った気にならない
    - —最終目標の達成を主務とする
- [ ] 広報は社内マインドの醸成が必要
    - —社内はすぐに協力してくれないことも多い
    - —広報の必要性、有用性を地道に説き、全社を巻き込む
- [ ] 広報は小さな成果をコツコツ出しながら勢いをつけていく
    - —広報は1つの小さな成果から飛躍していくことがある
    - —1つひとつコツコツやるべし
- [ ] 広報の成否はお金でなく、頭(知恵)と腕(スキル)であることを忘れない
    - —広報は他企業に先駆けて実行すると成果が出るため、頭を使うことが大切
    - —そして、スキルで最大限の成果にする。広報の成果を早く出したいのであれば、基本スキルの習得は1年以内に
- [ ] ネタがない、人材がいないことを言い訳にしない
    - —成果が出ない企業の広報マネジャーの共通の言い訳である
    - —成果が出ている企業は必死にネタを創り出し、また人材を育てている

第4章 「戦略広報」のための広報技術

プレスリリースの書き方

▍企業とメディアを結ぶ基本ツール

　企業がPRしたい内容や知らせたい情報を紙面にまとめてメディアに配信する「プレスリリース」。企業とメディアを結ぶ、最もベーシックで、最も有効なコミュニケーションツールです。

　1枚のプレスリリースをきっかけに、自社の製品やサービスが数多くのメディアで取り上げられ、広告費用に換算して数千万円から数億円の効果を上げることもあります。

　まずご説明するのは「書き方」です。
　どんなに有益で質の高い情報が書かれていたとしても、そのプレスリリースがメディア関係者の目にとまらなければ、メディアに取り上げられることはありません。
　また、文面に難があって、商品や情報の魅力が十分伝わらない、というのも避けたいところです。
　では、しっかりと伝わるプレスリリースを書くための、いくつかのポイントをご紹介しましょう。

▍リリースの基本①　パッと見て「わかる」「目を引く」

　メディア関係者たちは文章を扱うプロなので、一般の人たちより文章を読み慣れています。ですから読むこと自体を苦にすることはありませんが、非常に多忙な人たちですし、プレスリリースを受け取る枚数が非常に多いので（一説には1日で400〜500枚）、多くの場合、それぞれのプレスリリ

ースを隅から隅まで読むのではなく、パッと見て有用なプレスリリースか そうでないかを瞬時に判断しているはずです。

　そして「これは使えるかも」と直感したプレスリリースは、本文までしっかり読まれるか、いったんキープされるかのどちらか。それ以外のプレスリリースは残念ながら破棄されてしまうことになります。

　第一印象でいきなり破棄されることを免れるためには、「パッと見てわかるプレスリリース」に仕上げることが必要で、これからそのポイントをご紹介していきます。

ポイント１
「Ａ４サイズ１枚」「１リリース１テーマ」が鉄則。

　原則はＡ４サイズ１枚。どうしても収め切れない場合は、３枚までにまとめます。

　あるいは概要と必須情報を１枚にまとめ、残りは「資料」として添付するのも一考。「資料」も１枚もしくは２枚に収めるとよいでしょう。

　１つのプレスリリースに２つ以上のテーマを入れてしまうと、何をアピールしているのかが曖昧になってしまうので、１テーマに絞ります。

　たとえば新商品発売情報と関連イベント開催を同時に伝えたい場合、プレスリリース自体は新商品発売情報でまとめて、関連イベントについてはコラム扱いにするというように、情報に「強弱」をつけてください。イベントの詳しい情報は自社のホームページに記載しておき、プレスリリースにそのURLを明記するのがベストです。

ポイント２
「タイトル」で成否が決まると言っても過言ではない。

　プレスリリースを手にしたメディア関係者にその中身を読んでもらえるかどうかは、タイトル次第と言っても過言ではありません。

　おすすめは、「〇月〇日新発売『商品名』」のような必ず入れるべき情報

と、訴求力のあるキーワードを組み合わせて一文にまとめることです。
　キーワードに訴求力を持たせるためには、以下の点を意識するといいでしょう。

（１）具体的な数字
　数字が入っていると、その商品やサービスのすごさが明確に伝わります。
　例：「売り上げ○万台」「○年ぶり」「○冠達成」「入場者○万人突破」

（２）時事キーワード
　メディアは世の中の関心が高いことを記事や番組にしたいので、そういった事象に関連した商品やサービスは注目してもらえる可能性が高いでしょう。
　例：「SNSで話題」「少子化対策」「環境にやさしい」

（３）キャッチーなワード
　一般の人の多くが心をつかまれるキャッチーな言葉は、当然ながらメディア関係者も着目します。
　例：「エコノミー価格」「今だけ限定」「低カロリー」

ポイント３
余白のある見やすいレイアウトに。

　読みやすさの工夫の参考資料として、新聞や雑誌の紙面を見てみてください。「簡潔でわかりやすいタイトル」「概要のわかるリード文」「目を引く見出し」「本文」などが、メリハリよく配置されています。
　もしもこれが「本文」だけで、隙間なくぎっしりと詰め込まれていたら、とても読みにくいですし、そもそも〝読んでみよう〟という気になりません。
　プレスリリースも同じで、メリハリあるレイアウトにすることがとても重要です。

本文の文字の大きさは、読みやすさを考えると11ポイントがおすすめです。「タイトル」「見出し」「キーワード」などは、もっと大きくし、場合によっては文字の太さも変えて目立たせます。
　また、適度な余白を残しておくことも重要です。文字だらけのものより、格段に読みやすいですし、余白があれば、それを受け取ったメディア関係者がちょっとしたメモ書きをすることもできます。

出所）井上岳久『マスコミが思わず取り上げたくなるPR㊙戦略』（インデックス・コミュニケーションズ）2010年，149ページ

ポイント4
できるだけビジュアル（写真や図表）を入れる。

　写真を入れると、文字だけで構成されたプレスリリースよりも、はるかに目を引きやすくなりますし、たとえば新聞や雑誌の記者にとって「記事にこの写真が使える」とわかることは、記事にしたいという意欲を大きく後押しします。当然ながらテレビの制作者も"ビジュアル"を重視するはずです。

なお、商品のパッケージだけでなく、それを使用しているシーンの写真もあわせて掲載できると、その商品に対する興味や理解がいっそう深まります。

　どのような新商品も、マーケティング部や営業部が販促物用に写真を撮影するタイミングがあるはずなので、その場に立ち会い、プレスリリース用のカットも一緒に撮影してもらうとよいでしょう。

　売り上げ増加の棒グラフ、シェアを示す円グラフ、一覧表など、アピールしたい情報がひと目で伝わる図表も積極的に取り入れてください。

▎リリースの基本②　読みやすく、理解しやすい

　1枚の紙面で「必要な情報」をしっかり網羅するためには、いつも一定のルールにのっとって文章を書くことがおすすめです。

ポイント5
プレスリリースの主要構成要素は5つ。

　ベースとなるのは「レターヘッド」「タイトル」「リード」「本文」「連絡先」の5つです。

（1）レターヘッド
　企業ロゴやブランドロゴを活用した、プレスリリース専用のレターヘッドを用意しましょう。

（2）タイトル
　読み手に刺さるコピーを、大きく読みやすく入れます（詳細は105ページ）。

（3）リード
　このプレスリリースで伝えたいことを2～3行で簡潔にまとめます。

プレスリリースの主要構成要素

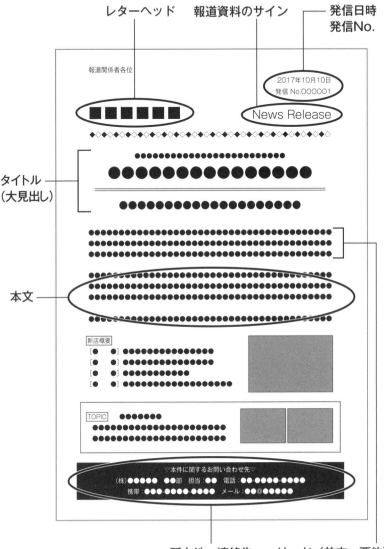

出所）井上岳久「実践！ プレスリリース道場 完全版」（宣伝会議）2016年，11ページ

（4）本文

 限られたスペースなので、ポイントだけを書きます。長々と文章で書こうとせず、「箇条書きにビジュアルをつける」くらいの姿勢で書く方が、読みやすいですし、重要なことが明確に伝わります。

 文体は「です・ます」調が基本です。注目してほしいキーワードは太字にしたり、下線を引いたりして目立たせましょう。

（5）連絡先

 必須事項は「企業名」「部署名」「担当者名」「電話番号」「担当者のメールアドレス」。
「FAX番号」「企業所在地」「ホームページアドレス」もあると親切です。さらに「担当者の携帯電話の番号」を加えておくとメディア関係者がよりいっそうコンタクトをとりやすくなりますし、「この会社の広報は、いつでも対応してくれそう」という信頼感を与えることができます。

ポイント6
基本は「5W1H」。カギを握るのは「What」と「Why」。

 プレスリリースに必要な情報を不足なく入れるための目安になるのが、「5W1H」です。
「Who（誰が）」は、プレスリリースの発信元となる企業もしくは団体となります。
「What（何を）」は、プレスリリースのテーマである商品やイベントそのものになります。
「Where（どこで）」は、イベントなら会場名、商品発売なら全国なのか地域限定なのかを明確にします。
「When（いつ）」は、発売日やイベントの開催日。
「Why（なぜ）」は、どうしてその商品を発売するのか、どうしてそのイベントを開催するのかという理由や経緯、背景などを書きます。
「How（どのように）」は、商品の場合は"小売店で販売"、"直営店舗の

5W1Hの例（商品の新発売情報の場合）

Who	販売の主体＝株式会社○○
What	販売商品 ※新製品の基本情報＋訴求ポイント
Where	販売地域＝全国
When	発売時期＝10月1日
Why	なぜ ※商品誕生の経緯や背景を簡潔に書く
How	どのように＝コンビニ・スーパーで販売

応用編　6W5H

6W	
Who	誰が
Whom	誰に・ターゲット顧客 ※6つ目の「W」
What	何を
Where	どこで
When	いつ
Why	なぜ

5H	
How	どのように
How many	販売数量・生産数量・店舗数
How much	価格、売上高目標、利益
How long	期限・いつからいつまで、いつまでに
How in the future	今後の方針・将来のビジョン

み"、"ネット通販"といった販売方法を知らせます。

　どれも正確な情報を簡潔に記すのが基本ですが、「What」と「Why」は具体的な表現を使って、やや詳しく書きます。

「What」
　商品やイベントの基本情報に加え、「軽くて携帯しやすい」「カラーバリエーションが豊富」「アメリカで大人気」など、大事なセールスポイントを列挙します。

「Why」
　その商品を開発することになった背景やニーズ。「スマートフォンを持ち歩く人が増えたから」「パクチーブームに続くトレンドに対応するために」「働くお母さんからの声を取り入れて」というように、それを読んだメディア関係者が「なるほど」と納得いくような「Why」を書いておくと、メディアに採用される可能性が高まります。

　なお、応用編として「６Ｗ５Ｈ」をもとに情報をまとめるという考え方もあり、それは111ページの図をご確認ください。

ポイント7
中学生が読んでもわかるように書く。

　忙しいメディア関係者が、ササッと読んで内容を把握できるように書くのがプレスリリースの鉄則。
　難しい専門用語については、わかりやすい表現に言い換えるのが望ましいですが、どうしても専門用語をそのまま使用したい場合には、わかりやすい注釈をつけてください。業界用語や不要な外来語、まだ市民権を得ていない新語、読みづらい漢字は避けましょう。
　凝った文章や、格調高い表現はプレスリリースに必要ありません。「中

プレスリリース作成後の15のチェック項目				
レターヘッド	1	プレスリリース文書の証のサインが入っているか？		☐
	2	発信の年月日を記入しているか？		☐
	3	ひと目で企業名もしくはブランド名がわかるか？		☐
	4	デザイン的で印象の残るものになっているか？		☐
タイトル	5	見たときに目に入ってくるようになっているか？		☐
	6	注目もしくは関心の高まる見出しになっているか？		☐
	7	文字は大きく太くなっているか？		☐
リード	8	簡潔に漏れなく要約ができているか？		☐
	9	次の本文と合わせて５Ｗ１Ｈが組み込まれているか？		☐
本文	10	強調したいポイントをまとめて表現できているか？		☐
	11	盛り込みすぎて内容がわかりづらくなっていないか？		☐
	12	ビジュアルはあるか？		☐
連絡先	13	連絡必須事項は入っているか？		☐
全体レイアウト	14	適度に余白はあるか？		☐
	15	誤字脱字はないか？		☐

出所）井上岳久『マスコミが思わず取り上げたくなるPR®戦略』（インデックス・コミュニケーションズ）2010年，155ページ

学生が読んでもわかるだろうか？」と想像しながら、シンプルで素直な表現を心がけてください。

その他のポイント
・センテンスは短く。箇条書きを積み重ねるような書き方でよい。
・構成はロジカルに。

・必要に応じて「権威性の高い人物や機関のコメント」「公的機関によるデータ」「信頼できる組織によるアンケート調査結果」といったバックデータを添える。
・真実を書く。「世界初」や「日本一」といった表現を使うときは根拠を明確に示す。思い込みや憶測は厳禁。自社で調べたデータについては「当社調べ」と明記する。
・できあがったプレスリリースは最低3人が目を通し、文章を「校閲」する。

さらに魅力的なプレスリリースにするために

（1）情熱を持って、ラブレターのように書く

　前にも少し触れましたが、これまで数え切れないほどのプレスリリースを見てきた立場から、はっきりと言えることがひとつあります。

　それは「その商品を心から愛していて、その素晴らしさを伝えたい」という思いを持っている人が書いたプレスリリースは、必ず読み手にその「愛情」が伝わるということです。メディア関係者と話していると、同じような意見をよく耳にします。

　そういう意味でいうと"PR会社が書いたプレスリリース"もすぐにわかります。レイアウトも文章もきれいにまとまっているけれど、淡々としていて熱い思いが今ひとつというものが少なくありません。

　レイアウトや文章表現に少々稚拙なところがあっても、愛情がほとばしっているプレスリリースは読み手の心を強くつかみます。戦略広報先進企業の多くが、プレスリリースを社内で作成している理由はここにもありそうです。

　なお、80ページでも述べたとおり、企業によっては開発担当者にプレスリリースを書かせているところがいくつかあります。プレスリリースを書くことに関してプロではありませんから、後から広報部の人間が手直しをする必要はありますが、開発担当者が書くプレスリリースにはやはり他の人間に出せない熱意がこもるので、読み手を引きつけるプレスリリースになると思います。

さらに、「プレスリリースは、広報部のなかでその商品に対して最も熱意を持っている人に書かせる」という企業もあります。「カレーに興味はないけれど、命じられたから書きます」という人がつくるプレスリリースよりも、「カレーが大好きです。ぜひ私に書かせてください！」と志願した人が書くプレスリリースの方が当然ながら熱意のこもったものになりますからね。

（2）他社のプレスリリースから学ぶ

　もちろん最終的にはオリジナルのプレスリリースを作成するわけですが、構成やレイアウト、画像の使い方、ネタの切り口など、他社のプレスリリースから学べることは数え切れないほどあります。

　以前は他社のプレスリリースを入手するのは困難でしたが、今では多くの企業が自社のホームページに、メディアに配信したものをそのまま掲載しています。掲載していない場合でも「（企業名）（商品名）　プレスリリース」で検索すると、見つかる場合があります。

　ライバル会社が新聞やテレビ番組に出ていたときや、世間で何かの商品が話題になったとき、ぜひそのプレスリリースを探してチェックしてみてください。そうすると、メディアへの露出とプレスリリースの仕上がりには、多くの場合、因果関係や相関関係があることが理解できると思います。もちろん、プレスリリースを研究している専門書を読んでみることもおすすめです。

2 広報コンテンツの作り方

▍求められるのは「ニュースバリュー」

　プレスリリースは「ニュースリリース」とも呼ばれるように、そこに書かれている情報には「ニュースバリュー」すなわち「ニュースとしての価値・重要性」が求められます。

　たとえばお菓子の新発売のニュース。スーパーにもコンビニにもおいしいお菓子が山ほど並んでいて、さらに新製品が次々と発売されている昨今、単に「おいしい」というニュースだけでメディアに取り上げられるのは困難です。

　そこでニュースバリューを高め（あるいはニュースバリューを付加して）、ほかの商品との差別化をはかることが求められます。

　では、どのような要素が「メディアにとってのニュースバリュー」なのか。それに関しては国内外でさまざまな研究・分類がされていますが、私は以下の6要素がニュースバリューを決めると考えています。

（1）新奇性
　今までに存在しなかったもので、しかもそこに何かしらのサプライズがあること。
　メディアは「新しいこと」や「初めて」が大好きですが、単なる新製品ということだけでは、なかなか「ネタ」になりません。
　必要なのは驚き。「ガリガリ君　コーンポタージュ味」は、まさにあっと驚く新製品の代表選手といったところでしょうか。
　また、「日本一」「業界第一位」「世界初」「最高品質」「最安値」といっ

たキーワードがつけられるような商品やサービスも「新奇性」を備えていると言えます。

(2) 人間性

人間味があって感情に訴えること。いわゆる"人間ドラマ"がメディアに取り上げられやすいのはみなさんご存知のとおりです。

その典型例とも言えるのが、木村秋則さんの「奇跡のりんご」。自然栽培への挑戦プロセスに加え、木村さん自身の波乱の人生ドラマがあったからこそ、NHK「プロフェッショナル　仕事の流儀」をはじめ、さまざまなメディアで紹介されたのです。

(3) 著名性

多くの人が名前を認知しており、関心があること。

メディアはどうしても有名な商品や有名な企業を扱いがち、という傾向があります。ですから無名の企業が有名な大企業と同じ取り組みをしている場合、大企業の方がメディアに露出する可能性が高いと言えるでしょう。

しかし無名の中小企業であっても、「著名性のある企業と組む」という戦略を取ることで、メディアに取り上げられる可能性は劇的に高くなります。

ローソン、キリン、アマゾンといった大手と次々と手を組み、いまやクラフトビールの国内大手となったヤッホーブルーイングの快進撃にも、この「著名性」が関係していると思います。

(4) 社会性

広範囲、あるいは時代的に意義のあること。つまり"その情報をメディアで伝えることが、世の中の役に立つのか？"という視点です。

テレビの情報番組で、台風シーズンが近づくと"台風に対する備え"を紹介し、インフルエンザの季節になると"効果的な手洗い・うがいの方法"を放送するのは「社会性」のある情報だからだと考えられます。

プレスリリースで「社会性」を強調できるケースとしてわかりやすいの

は、"問題解決型の商品"。

たとえば「花粉症」や「男性の育児参加」に関心のある人、悩みを抱えている人はたくさんいますから、"花粉症の症状をやわらげるガム"や"男性が使いやすい育児用品"といった商品には、多くのメディア関係者が興味を持つはずです。

（5）影響性

社会に対して影響を与えること。あるアニメーション映画が若者の間で話題になり、関連グッズの販売、ロケ地を巡る観光ツアーなどが多数企画され、さまざまな産業に波及効果があった場合、「影響性」の高い情報として多くのメディアで取り上げられます。

（6）地域性

地元の人が愛着を覚え、地域で盛り上がること。ある地域に限定された身近な情報、地域限定商品など。

数年前、全国チェーンのCD・DVDレンタルショップが福岡に新店舗をオープンした際、九州出身のクリエイターがつくった作品を集めたコーナーをつくるなど、九州ならではの演出をしたところ、地元メディアが高い関心を示し、最終的に35件ものメディア露出がありました。「地域性」がニュースバリューを高めた好例と言えるでしょう。

　以上がニュースバリューを高める6要素です。

プレスリリースの内容に、この6つのうちのいくつかが含まれていると、メディア関係者に関心を持ってもらえる可能性が高まります。

しかし、なかには1つも当てはまるものがない商品やサービスもあるでしょう。そうなってしまう理由は、その商品やサービスを開発した人たちがニュースバリューの重要性を理解していないからです。

これといったニュースバリューを備えていない新商品が開発され、それが完成した段階ではじめて「さぁ、この商品を広めるためのプレスリリースを書こう」と取りかかったのでは、ニュースバリューのある情報を発信

することはできません。なぜなら、それは"ニュースバリューのない新商品"だから。

　繰り返しになりますが、戦略広報では、新製品のコンセプトを決める段階から、ネーミング考案、パッケージ決定といった段階にまで、広報部のメンバーが関与し、その商品がニュースバリューを備えたものになるように働きかけます。

　そこが"商品が完成したところで、その情報をもらってPRする"という従来の広報と大きく違う点なのです。

記事になる「ネタ」をつくる

　必ずプレスリリースを出すべきなのは「新商品発売」「新サービスの開始」「イベント開催」「新規事業立ち上げ」「新店舗オープン」といった、自社の事業内容に直結した事象。
「それだけで、毎月数十本のプレスリリースを配信しなければならない」という企業がある一方で、"ネタ"がなくて困っている企業もあります。

「もっとプレスリリースを配信したいけれど、うちの会社は年に数回しか新商品を出さないので、発信する情報がなくて……。どうすればいいでしょう」。

　実は、私が広報に関する講演やコンサルティングをしていて、いちばん多く耳にするのがこの悩みです。

　答えは簡単。ネタがないなら自分たちでつくればいいのです。切り口の例をいくつか紹介しますので参考にしてください。

（1）人事制度や福利厚生

　ワークライフバランスや多様な働き方が注目されている現在、ユニークな福利厚生、研修制度、奨励制度、就業規則は、メディアから注目されやすいネタの代表格と言えるかもしれません。

　また、社内イベントでも"ニュースバリュー"があれば、プレスリリースを配信する価値ありです。

ユニークな制度が話題になった例

家賃補助制度　2駅ルール／サイバーエージェント
オフィスの最寄り駅から2駅圏内に住む正社員に月3万円の家賃補助を支給

「骨太の管理職育成」無人島サバイバル研修／日清食品グループ
瀬戸内海にある 無人島 で2泊3日の新任管理職研修を実施

大失敗賞／太陽パーツ
1年で最も大きな失敗をした人のチャレンジング精神を讃える

（2）調査結果の発表

　マスコミは「アンケート結果」や「人気ランキング」といったデータが大好きなので、アンケート調査やヒアリングを行うのもおすすめです。
　大手旅行会社JTBは、年末年始、ゴールデンウィーク、夏休みという年3回の旅行シーズンを前に、国内旅行や海外旅行を予定している人の数、旅行の予算などをまとめた「旅行動向」を発表しています。そして、それが記事になるときには、必ず「JTB調べ」と社名が入りますし、旅の傾向やおすすめの行き先などについて、社員のコメントが掲載されることもあります。

（3）「○周年」をアピール

「創業30周年」や「発売40周年」を"内輪ネタ"だと思っていないでしょうか。
　メディア関係者にとって「○周年」という"数字"は十分魅力的で、"長

年愛されている定番商品の歴史"や"ロングセラーの秘密"といったストーリーに、当時の世相や流行をからめれば読み応えのある記事が書けるのです。

　自社や商品の歴史を年表にした資料をつけたプレスリリースを配信するとともに、記念商品の発売や記者発表会の開催を企画し、積極的にアピールしてみるのもいいでしょう。

(4) 達成リリースを出す

「発売6ヵ月で○万本を突破!」「10年連続売上ナンバーワン」「入場者数が○万人に!」といった、いわゆる「達成リリース」もプレスリリースの定番の切り口のひとつです。

　その例のひとつとして北海道の旭山動物園は、2004年夏に月間入場者数が東京の上野動物園を抜き、日本一になったことをアピールし、さらに集客力を高めました。

3 メディアの種類とアプローチ法

主なメディアとそれぞれの特徴

(1) 新聞

全ての新聞の総発行部数は約4300万部（2016年）。発行部数は年々減っていますが、いまも日本は世界有数の新聞大国で、その影響力は甚大と言えるでしょう。

新聞にはさまざまな種類がありますが、対象読者や内容によって「一般紙」「産業紙」「業界紙」に大別できます。

「一般紙」

一般の読者を対象に、国内外の幅広い分野の記事を掲載。

国内全域で販売されている「全国紙」、複数の都道府県を対象とした「ブロック紙」、ひとつの県を対象にした「地方紙」があります。

全国紙は、日本全国どこでも購買できる「読売新聞」「朝日新聞」「毎日新聞」「産経新聞」「日本経済新聞」の5紙を指します。

全国紙に自社の情報を掲載してもらうのは大変そうに思えますが、地域別に差し込まれる地域ページは狙い目です。地元に密着した話題は好意的に取り扱ってくれるケースが少なくないので、地方支局や支社に情報を持ち込むのも一考です。

もちろん全国の読者を対象にした"経済面"や"文化・生活面"であっても、一般消費者が強く興味を持っているテーマや商品であれば、知名度の低い企業の情報でも取り上げられる可能性は十分にあります。欠かさず情報発信してください。

ブロック紙は、「北海道新聞」「中日新聞」「西日本新聞」の３紙（「北海道新聞」は北海道のみの販売ですが、地域が広いためにブロック紙に分類されます。「中日新聞」傘下の「東京新聞」をブロック紙に分類することもあります）。規模的には全国紙と地方紙の中間に当たりますが、その地域でのシェアは高く、強い影響力を持っています。
「北海道新聞社」「中日新聞社」「西日本新聞社」は、「ブロック紙３社連合」として記事の相互利用やイベントの共同主催などを行っています。
地方紙は、地元に密着した記事が充実しているのが特徴で、地元の中小企業や、その地域に支社・支店・工場を持つ企業にとっては重要なメディアとなっています。

一般紙へのアプローチですが、企業の情報を主に扱うのは「経済部」、読者の日常生活に根ざしたテーマは「生活部」が担当するのが一般的なので、このふたつの部署を中心に情報発信しましょう。

「産業紙」
幅広い産業分野を網羅し、企業動向、マーケティング情報、新製品情報などを掲載している「日経産業新聞」「日経MJ」「フジサンケイビジネスアイ」「日刊工業新聞」がこのカテゴリーに入ります。主な読者は企業経営者とビジネスパーソンです。

「業界紙」
金融、製造、化学、エネルギー、建設、物流、農林水産、食品、衣料など各分野に、さらに細分化した業界情報に特化した業界紙がそれぞれ複数販売されています。
Ｂ to Ｂ企業の戦略広報にとっての重要メディアです。

（２）通信社
国内外のニュース記事や写真を放送局や新聞社、官庁などに提供している報道機関。「共同通信社」「時事通信社」が日本の２大通信社です。

通信社は独自のメディアは持っていませんが、通信社に自社の情報を取り上げてもらえれば、それがたくさんのメディアに掲載される可能性があります。

（3）テレビ

　CSやケーブルテレビを含めると、数多くのテレビ局がありますが、視聴者への影響力を考えると、「NHK」と「民放キー局（関東の場合なら「日本テレビ」「TBS」「フジテレビ」「テレビ朝日」「テレビ東京」）」へのアプローチが中心になるでしょう。

　基本的にニュース番組を担当するのは「報道局」、情報番組をつくっているのは「制作局」です。
"自社の情報を取り上げてほしい番組"やその候補番組は、毎回「どのような内容が好まれているのか」「各コーナーにはどんな特徴があるのか」といったことをチェックしながら視聴しましょう。そして、「主婦向けの新製品なら、番組Aの○○コーナーか、番組Bの△△コーナー」「社長を取り上げてもらうなら、番組Cか番組D」というように当たりをつけておき、ベストなタイミングでプレスリリースや企画書を番組ディレクターやプロデューサーに送ります。

　PRしたい内容が地域に特化したものの場合は、その地域の系列局にアプローチすれば、キー局に比べれば比較的高い確率で取材してもらうことができます。

（4）雑誌

　全国紙やテレビのように、数多くの人へ情報を届けることはできませんが、その雑誌が扱っているジャンルに確実に興味を持っている人が読むので、高い訴求力が期待できます。
「自社のターゲットに合った雑誌はどれか？」をしっかりと研究・分析し、定期的にアプローチしましょう。

　月刊誌の場合、主な記事の企画は発売の2ヵ月前にはほとんど決定し、発売1ヵ月前には編集作業も終わっています。ですから、新製品の発売日

やイベントの開催日の2ヵ月以上前には、プレスリリースや企画書を編集部に送るようにしてください。

(5) ラジオ

　スマートフォンやパソコンで民放ラジオを聞ける「radiko」、NHKラジオが聞ける「らじる★らじる」の登場で、ラジオ人気がじわじわと復活しているようです。しかも「radiko」の場合は過去1週間以内に放送された番組をいつでも聞ける「タイムフリー」や、日本全国のラジオが聞き放題の会員システムがあるので（いずれも、一部の番組は不可）、自社の情報が番組内で取り上げられれば、以前よりも多くのリスナーの耳に届くことが期待できます。

　特にラジオと相性がいいのは、地方色の強い情報。地域密着型のラジオ局とのお付き合いは大切にしましょう。

(6) ニッチなメディアも狙い目

　プレスリリースの配信先として、特定の層や会員に向けて配付している、いわゆるクローズドメディアもおすすめです。

　たとえば、日本自動車連盟（JAF）の機関紙「JAFMATE」の発行部数は1200万部（2015年7月現在）、JALの機内誌「SKYWARD」は毎月約334万人が閲読（2015年JALグループマンスリーレポート月間平均）していますから、記事に自社の情報が取り上げられれば、非常に多くの読者の目に触れる可能性があります。

　もうひとつ狙い目なのが、〇〇県や□□市といった地方自治体が住民に配付する広報紙です。

　以前、ある県の酒造組合が日本酒の試飲イベントを地元のスタジアムで開催するという情報を県の広報紙に掲載してもらったところ、例年の3倍近くの集客があったといいます。

　プレスリリースを配信してコンタクトしている企業が少なく、採用確率の高い媒体が数多くあると思われますので、ぜひリサーチしてみてください。

```
┌─────────────── クローズドメディアの例 ───────────────┐
│                                                        │
│  ●機内誌                                               │
│   （JALグループ「SKYWARD」、ANAグループ「翼の王国」など）│
│                                                        │
│  ●会員誌（JAF「JAFMATE」、カード会社各種会報誌など）   │
│                                                        │
│  ●大手企業社内報（旧財閥系グループ誌など）             │
│                                                        │
│  ●行政広報紙                                           │
│                                                        │
│  ●飲食チェーンの情報誌                                 │
│                                                        │
│  ●組合の会報誌                                         │
│                                                        │
└────────────────────────────────────────────────────────┘
```

メディアリストの作り方

　できあがったプレスリリースをどのメディアに配信するのか。その顔ぶれを「メディアリスト」としてまとめておきましょう。
　メディアリスト作りに求められるのは「想像力」です。
　たとえばお菓子メーカーが新商品の発売情報をメディアに露出したい場合であれば、まずは一般消費者に広く知らせたいので、全国ネットのテレビ局の生活情報番組、人気タレントが話題の商品を紹介するバラエティ番組をリストアップします。さらに、若者をターゲットにした情報紙もリストに加えます。忘れていけないのは、販売する人たちへのアピールです。そのために、スーパーやコンビニの仕入れ担当者がチェックしている産業紙や食品関係の業界紙にも必ずプレスリリースを配信する必要があるでしょう。

　最初は30社ぐらいから始めて、まずは100社を目指しましょう。戦略広報先進企業は150から200社程度リストアップしているところが多いようで

す。

　また、「バラエティ系」「報道系」といったように媒体のタイプ別にリストをつくり、プレスリリースで発信したい情報の内容によって、リストを使い分けているという企業もあります。

　リストに書き込む項目は「媒体名」「部署名」「担当者名」「FAX番号」「電話番号」「所在地」「メールアドレス」。

　新聞社やテレビ局、出版社には毎日多くのプレスリリースが届きますから、自社のプレスリリースを読んでほしい人の手元に届けるには努力と工夫が必要です。

　たとえば「(雑誌名)編集部御中」や「(番組名)ご担当者様」「○○新聞・生活部御中」といった書き方だと、とりあえずこちらが意図している部署には届きますが、それでは不十分。そのプレスリリースを受け取った人が、内容をしっかり理解したうえで「これは、○○さんの担当コーナーにぴったりの情報では？」と機転を利かせてくれることが絶対にないとは言い切れませんが、メディア関係者はみなさん忙しい業務の合間に1日何十通、何百通のプレスリリースをチェックしているわけですから、自分が興味のない内容であれば、そのまま破棄してしまう可能性の方がずっと高いはずです。

　ですから、「このコーナーで扱ってほしい」「このコラムで紹介されたい」「このページへの掲載を狙っている」とターゲットを絞り込み、部署名に加えて「コーナー名」「コラム名」「連載記事名」も書き添えてください。さらに言えば、電話で問い合わせて、担当者を教えてもらえればベストです。

　ちなみに私の場合、担当部署や担当者名がどうしてもわからないときには、宛名を「○○編集部・カレー担当」としています。

　なお、メディアリストは一度つくったら終わりではありません。

　リストに載せていない媒体が、どこかで自社の情報を見て取材してくれたら、もちろんその媒体と担当者名をリストに加えます。どこかのメディアの担当者が異動したら、後任担当者を教えてもらい担当者名を修正（こ

のとき、日付も一緒に書いておくと、それがいつの情報なのかがひと目でわかり便利です）。さらに、番組や連載コーナーがすでに終了しているのに、いつまでもプレスリリースを送り続けていないかといったチェックも必要です。

　3ヵ月に1度は総チェックするのが望ましいので、広報年間計画を作成する際に、「メディアリストを総チェックする日」もあらかじめ決めておくことがおすすめです。

いよいよプレスリリースを配信

　プレスリリース配信にはいくつか方法があります。

（1）記者クラブへの「投げ込み」

　省庁、県庁、市役所、商工会議所、業界団体内などに設置されているメディアの出先機関を「記者クラブ」と言います。ひとつの記者クラブに、全国紙、地方紙、通信社、大手テレビ局、地方テレビ局、ラジオ局などが数社から数十社加盟していて、各メディアの記者がそこからニュースの発信をしています。

　ここにプレスリリースを持ち込み、加盟しているメディア全てに配付する行為は、通称「投げ込み」と呼ばれています。どの記者クラブも、毎月持ち回りで1社が「幹事」をつとめていますので、プレスリリースを配付したいときにはあらかじめ幹事社に連絡し、所定の部数のプレスリリースを用意。配付当日、所定のボックスや各社のポスト（棚）に投函します。

　記者クラブによってさまざまなルールがあるので、事前に確認してルールに従って配付してください。

　もうひとつ大事なのは、プレスリリースの配付はまず記者クラブに行い、それから他のメディアに送るということ。それが記者クラブの掟です。

（2）手渡し

　最もおすすめなのが手渡しです。その場で目を通してもらいながら、口頭で情報が追加できますし、記事化を促すようなアピールもできます。

ただし、相手に時間をつくってもらい、実際に足を運ぶため、手渡しできるメディアの数は限られます。ですから"アプローチしたい重要メディア"を絞る必要があるでしょう。

また、アプローチに適した時間とそうでない時間がありますので、下の図を参考にしてくだい。

アプローチに適した時間帯

新聞

原稿をチェックするデスクと、現場を取材する記者で役割分担は違うが、いずれにしても締切時間前は多忙なので避けた方がよい。
アプローチするなら、14:00〜17:00が基本（例外あり）。

新聞原稿締切時間
[夕刊] 2版（11:00）　3版（12:00過ぎ）　4版（13:20）
[朝刊] 11版（20:50）　12版（21:30）　13版（23:00過ぎ）　14版（1:20）

雑誌

雑誌の編集者は取材を開始してから校了までは忙しいので、それ以外の期間、校了後から企画会議までの間にコンタクトを取るのがベスト。
（例）「週刊文春」は木曜日発売なので、記者にコンタクトを取るなら、火曜日の校了終了後から金曜日まで（例外あり）

〈雑誌（週刊誌）の企画から発売までのフロー〉
企画会議→取材→編集→校了→印刷→発売

テレビ・ラジオ

コンタクトに適した日や時間は特に決まっていない。ただし、放送前の編集時期（時間）、オンエア中、放送後のミーティング時は忙しいので避けた方がよい。
たとえば、ニュース等の生放送の場合、放送時間前は、緊急のネタでないかぎり嫌がられる場合が多い。朝の生放送番組の場合、番組終了後に反省会などの会議があるため午前中は連絡が取れないことが多い。夜の会議で決定される場合が多いので、夕方にアプローチを。

出所）井上岳久『無料で1億人に知らせる　門外不出のPR広報術101』（明日香出版社）2007年．161ページ

(3) FAX

　FAXで一斉に送付するのがプレスリリース配信の基本型。いまや人々のコミュニケーションはメールや「LINE」がメインですが、メディアの世界ではまだまだFAXが活躍しています。

　メールで受け取ったプレスリリースは、1件ずつメールを開封して、最後まで目を通さなければ内容を把握することができません。しかし、A4サイズ1枚にまとめられたプレスリリースをFAXで受け取った場合は、パッと見ただけで大まかな内容をチェックすることができる、というのが理由のようです。

(4) メール

「プレスリリースはメールで」と指定しているメディアには、メールで一斉送付します。

　メール送付で何より大切なのは「件名」の付け方です。

　メディア関係者には毎日おそらく何百通ものメールが送られてきます。そのなかから、どのメールを開封して中身を読むかは件名次第です。ですから「リリースをご送付いたします」といった、内容がまったくわからない件名は絶対につけてはいけません。ほぼ間違いなく、未開封のまま削除されてしまうでしょう。

　件名としてふさわしいのは、プレスリリースのタイトルです。「【ニュースリリース】メタボが気になる中高年に朗報！　○月○日、ノーカロリーの○○○が誕生します」というように書けば、情報の概要とその「ニュースバリュー」を端的に伝えることができます。

　メール本文の形式は、「HTMLメール」ではなく「テキストメール」で送るのが基本。

　そして、プレスリリースを添付ファイルにして送りつけるのではなく、メール本文にプレスリリースの内容をそのまま書きます（悪質なウイルスが出回っている昨今、よくわからない相手からのメールの添付ファイルを開く人は少ないですからね）。プレスリリースの文面をそのままコピー＆ペイストしただけで、文章がみっちり並んだ状態だととても読みにくいの

で、「タイトル」「リード」「本文」「連絡先」の間をそれぞれ2〜3行空けるなど、読みやすくする工夫を忘れずに。

　紙のリリースの場合、掲載できる情報量が限られますが、メールの場合は制限がないので、追加情報などを書いてもいいでしょう（その場合も、読みやすさを常に意識）。

　写真をカラーで送ることができるのは、FAXにはない魅力です。メールへの添付は低解像度のもの1〜2点にしておき、高解像度の写真（バリエーションあり）はネット上にあげて、そのURLを記載しておくのがおすすめです。

　知り合いのメディア関係者に「ぜひ紙のプレスリリースも見てほしい」ということであれば、相手のパソコンによってデザインが崩れてしまう心配のない「PDF形式」にして添付するとよいでしょう。

（5）郵送

「枚数の多いプレスリリースやニュースレターを送りたい」「1日2日を争うといったネタではない」といった場合は郵送でもいいでしょう。

　FAXやメールが当たり前の時代なので、郵送でのプレスリリース送付は目立つうえに、広報部の「熱意」を感じるというメディア関係者もいるようで、「厳選した少数のメディアには、あえて郵送でプレスリリースを送る」という作戦をとっている企業もあるようです。

　担当者名が書かれていないと、未開封のまま破棄される可能性もあるので確認が必要です。

　プレスリリース配信のタイミングは、雑誌（月刊誌）掲載を狙うのかそうでないかによって大きく異なります。

「雑誌（月刊誌）の記事の企画が固まるのは、発行日の2ヵ月前」というのが一般的で、それより後に編集部に入った情報は「その次の号」に回されることがよく起こります。

　たとえば5月1日に開催するイベントの情報が、5月15日発売の雑誌に掲載されても意味がありませんよね（そもそも、編集部がそんな情報は掲

載しないはずですが）。ですから、5月1日開催のイベント情報は4月15日発売の号に掲載してもらわなければなりません。そのためには、2月中旬には編集部にプレスリリースを送付する必要があるというわけです。常に「掲載されたい号の発売日の2ヵ月前」を計算してのぞむようにしましょう。

　なお、プレスリリースの配信は「全媒体同時配信」が基本なので、雑誌編集部にプレスリリースを送付するのと同時に、その他の媒体（記者クラブ、新聞社、テレビ局など）にも配信します。

「イベントの開催日はまだまだ先なのに、そんなに早くから送って大丈夫？」と疑問に思うかもしれませんが、メディア関係者は「情報のプロ」。「これはネタになる！」と判断したら、発売日や開催日がずっと先であったとしても、きちんとプレスリリースを管理して、ちょうどいい時期に広報部に連絡をしてきます。

　雑誌の掲載を考えていない場合、プレスリリースの配信は発売日や開催日の2〜3週間前でもまったく問題ありません。テレビや新聞の場合、「昨日プレスリリースを配付したら、すぐに取材されて、今日の夕刊（情報番組）で取り上げられた」といったケースも日常茶飯事です。

4 リリース配信後にすべきこと

自社サイトのアップデート

　自社の公式サイトにプレスリリース掲載コーナーを設けているなら、すぐに最新のプレスリリースをアップしましょう。

　そして、プレスリリースの内容が新製品発売やイベント開催の場合は、その内容をトップページの目立つところに掲載しておきます。プレスリリース配信をきっかけにその情報がメディアで紹介されると、それを見て気になった読者や視聴者は、ネット検索をしてあなたの会社のサイトを訪れます。そのとき、サイトに新製品やイベントの情報が掲載されていなかったり、すぐに見つけられるところになかったりすると、せっかくのメディア露出の効果が半減してしまうからです。

　また、プレスリリースや自社サイトで新たな情報発信をしたら、社内で共有することもお忘れなく。社内イントラネットで、「新製品情報を公式サイトに載せました！」というように知らせてもいいですし、配信したプレスリリースをオフィスの掲示板に張り出すのも一案です。

メディアによる取材への対応

　配信したプレスリリースがメディア関係者の目にとまり、「取材したい」と依頼がきたら、その対応も当然ながら広報部が行います。「うちの会社のことが記事になるのか！」「新製品をテレビで紹介してもらえる！」と喜びつつ、しっかりと取材のための確認や準備を行いましょう。そうしないと「肝心なことが伝えられなかった」「こちらの意向とかけ離れた記事

になってしまった」といったことになりかねません。

取材対応のフローは次の図のとおりです。そのうえで基本的なポイントを、順を追ってご説明します。

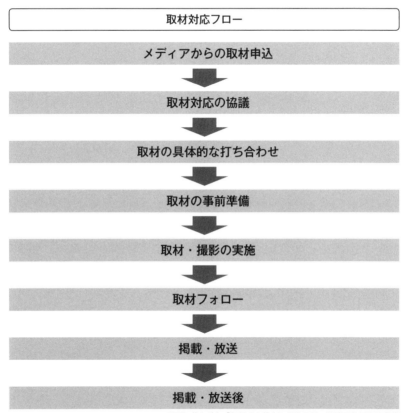

出所）井上岳久『無料で1億人に知らせる 門外不出のPR広報術101』（明日香出版社）2007年，132ページのモデルを基に著者作成

（1）取材申し込み時

取材の申し込みは、主にメールや電話で入ってきます。基本的に、取材は全て受けるのが望ましいですが、断わるべきケースもまれにあります（後述）。その判断をするためにも、最初の段階で把握しておかなければな

らないことがいくつかあります。そこでまずは先方に「取材依頼書を送ってください」とお願いしましょう。どのメディアも、取材依頼のための専用フォーマットを持っています。

　取材依頼書を受け取ったら、以下の項目について書かれているかどうかをチェックします。足りない情報があれば、追加で確認してください。

取材依頼を受けたときのチェック項目

□ 媒体情報
　（媒体名〈雑誌名や番組名〉、コーナー名、掲載日／放送日、雑誌の場合はページ数、発行部数、読者ターゲット）

□ 企画内容
　（取材の目的、記事や番組のテーマ、具体的な取材内容）

□ 取材概要
　（希望する日時と場所、撮影内容、スタッフの人数）

□ 連絡先
　（社名、部署名、氏名、電話番号、メールアドレス）

　これらの情報をもとに、取材を受けるかどうかをできるだけ迅速に判断します。「紹介されるのが、どんな媒体なのか？」ということは、とても重要なので、その媒体を知らない場合は必ずチェックしてください。手に入らないものであれば、先方にお願いして送ってもらいましょう。

　そして、媒体や企画内容を見たうえで、"自社（製品）のイメージを大きく損なう可能性がある"と思われた場合は、丁重にお断りします。

　取材を受けることを決めた場合は、当日用意すべきものなどを確認します。できれば「質問項目」を事前に送ってもらえるよう交渉しましょう。

（2）取材前の準備
・取材のセッティング
　広報部で回答できる内容であれば広報部員が取材を受け、専門的な話題なら適任者を選び、取材を受けてくれるようお願いします。
　たとえば"ユニークなエピソードがある新製品"であれば、その当事者に語ってもらう、といった戦略的な人選もいいでしょう。
　そしてスケジュールを確定し、取材用の場所（会議室など）をキープします。

・媒体研究
　"自社が取り上げられる媒体（コーナー）はどういったもので、取材した内容がどのように扱われるのか"、"その媒体を見ているのはどの層の人たちが中心なのか"といったことを、わかる範囲でいいので分析し、「どんな話し方をするか」「（商品の魅力の）どの部分を重点的に伝えるか」「専門用語はどの程度まで噛み砕くか」といったことを考えるための参考にするといいでしょう。

・Q&A（想定問答）の作成
　何も準備せずに取材を受けると、言わなければいけないことを言い忘れ、余計なことを言ってしまう、ということが往々にして起こります。ですから、事前にQ&Aをつくっておくことを強くおすすめします。
　先方から「質問項目」をもらえたらそれをもとに、入手できない場合は取材申し込み時に教えてもらった「企画内容」から推測して、回答する内容を整理しておきましょう（箇条書きでもかまいません）。次ページにQ&Aに入れる要素の例をまとめました。
　AとBは、取材が決まってから作成することになると思いますが、Cについては一度しっかりとしたものをつくっておけば、あとは定期的に改訂するだけで長く使うことができます。
　もしも取材を受けるのが社長の場合、その発言はそれなりの重みを持ちます。ですから、少なくとも取材にあまり慣れていない期間は、模範解答

| Q&A（想定問答）に入れる要素例 |

| A | 今回の取材の主役（新製品、イベント、社内制度など）の基本情報、それが生まれた背景、開発エピソード、現状と今後の見込み |

| B | Aを取り巻く、業界や市場の状況 |

| C | 自社の企業情報（基本データ、主な事業内容、企業理念、経営目標、現在の課題、今後の展望など） |

を必ずつくっておいてください。

　模範解答の作り方は、事前に想定問答をする時間を確保してもらい、そこでの社長の返答を書き起こし、さらに修正を加えて望ましい回答を文章化する。あるいは、広報部で模範解答をつくり、それを社長にチェックしてもらって修正する、という二通りが考えられます。

・資料等の準備

　会社案内、ファクトブック（86ページ参照）、取材内容に関連する資料、商品の現物（サンプルとして差し上げることができれば理想的）を準備します。

（3）取材当日

　取材を受けるのが広報部員以外の場合でも、必ず広報部の誰かが取材に立ち会い、取材のやりとりを記録（メモや録音）しつつ、その内容をきめ

細かくチェックします。
　そして、以下のようなことがあればすぐに対応します。

・取材を受けている人が誤った回答をしたら、即座に訂正する。
・取材を受けている人が返事に困ったら、助け舟を出す。
・公表できない内容については、その旨を伝える。
・その場で正確に答えられないデータ等については、「確認してのちほどお知らせします」と伝え、取材終了後すぐに確認する。
・社長の取材中に失言等があれば、取材終了後すぐに「あの部分の発言は、絶対に使わないでください」とはっきり伝える。

（4）取材後
　取材をしてくれたメディア関係者に、まずは御礼のメールをします。追加の質問がくることもあるので、それに対しても丁寧な対応をしましょう。
　ところで、取材した内容がどのような形でまとめられるのか、気になるところですよね。
　雑誌とWebメディアはほとんど場合、できあがった原稿を事前にチェックすることができます。いつまでに戻せばよいかを確認し、取材を受けた人と広報部でしっかりチェックします。
　新聞とテレビについては、事前に内容を見られないのが一般的なので、掲載日や放映日を再度確認して、当日必ずチェックします。

メディア露出の実績は社内で共有

（1）テレビや新聞で取り上げられたら全社員に報告を
　社内の各部署の人たちに協力してもらい、さまざまな情報を早いタイミングで入手することは、戦略広報の実践において極めて重要です。それを可能にするのは、社員全員の「戦略広報」に対する理解や期待や共感。ですから、自社の情報が新聞、テレビなどで取り上げられたときは、必ず社員全員に伝えます。
　自分の会社や自分が手がけた商品・サービスがマスコミで取り上げられ

取材対応の心得12ヵ条

1　問い合わせは迅速に対応すべし

2　内容を的確にとらえ要点を簡潔に答えるべし

3　わからないことは曖昧にせず調べてすぐに回答すべし

4　先方の要望に応えるべく行動すべし

5　やむを得ず断るときは理由を説明し代替案を提案すべし

6　専門用語は使わずわかりやすい言葉で話すべし

7　先方の都合に合わせてアポイントを設定すべし

8　会うときは事前にメディアを研究すべし

9　会ったときは一期一会と思いおもてなしの心で対応すべし

10　対応時は明るくハキハキと接するべし

11　取材後も記憶に残るよう工夫すべし

12　掲載および放送後はお礼の電話などを入れるべし

出所）井上岳久『マスコミが思わず取り上げたくなるPR㊙戦略』（インデックス・コミュニケーションズ）2010年，101ページ

るのは多くの社員にとってうれしいもの。「また取り上げてもらえるよう、何か情報があったら広報部に知らせよう！」。そう思ってもらえたら、戦略広報をよりスムーズに進めることができます。

　新聞や雑誌に自社の情報が掲載された場合は、「○月○日発売「雑誌名」の○ページに当社の新製品○○の紹介が掲載されました！」というように、社員全員に知らせましょう。

　なお、新聞や雑誌の記事には著作権があります。該当記事をコピーして回覧したい場合や、社内報に記事のコピーを載せたいときは、必ず新聞社や出版社に許可をとることを忘れてはいけません（記事の切り抜きをコピーせずにそのまま使うのであれば、オフィスの掲示板に貼り出すことも、社内で回覧することも許されています）。

　また、テレビやラジオの取材を受け、放送日があらかじめわかっている場合には「○月○日○時放送の"○○"という番組内で、当社のイベントが紹介されます」などと、事前に知らせられると理想的です。放送後はその内容を書き起こし、社内報などで報告するといいでしょう。

（２）掲載記事を営業ツールに

　たとえば、メーカーの営業マンが量販店などを回って新製品の売り込みをする場合、営業マンの口から製品の魅力を語ることも大切ですが、聞き手からすると、いささか信ぴょう性に欠けるところがあります。

　その点、雑誌や新聞の記事に「とても性能がいい」「魅力的な商品だ」などと書かれていたら効果は抜群。第三者である雑誌記者、新聞記者の意見に、人は「信ぴょう性」を強く感じるのです。

　ですから、非常によい記事を書いてもらえた場合には、編集部の担当者にお願いして、複製の許可をいただき、営業ツールとして積極的に活用しましょう。店頭用のPOPをつくり、店に来たお客様が読めるようにするのも効果的。もちろんこの場合も事前の許可が必須です。

目標を達成するための効果測定

さて、広報の活動や効果を経営陣や他部署にアピールするためにも、より戦略的な広報を進めるためにも、半期に一度（または1年に一度）、効果の評価と次期の目標設定を行うことが必要です。

効果測定と目標設定は次のような3段階で行うとよいでしょう。

効果測定・目標設定の実行プロセス

最終目標
・企業の認知率（認知度調査）
・長期継続的な売上利益額/率（前年比、計画比など比較）
・企業ブランド価値の分析（ブランド価値調査、外部査定）

上位目標（露出数）
・記事数/新聞、雑誌　・放映数/テレビ・ラジオ
・Web掲載数

下位目標（活動プロセス数）
・リリース配信数
・メディア訪問数
・記者会見数

対価を支払って確実に媒体を押さえる広告と違い、広報によるメディア露出はこちらでコントロールすることができません。

たとえば、番組の放送や新聞記事の掲載が決まっていても、大きな災害や事件が起こって、番組が休止になったり、新聞紙面の構成が変わってしまうことがあります。

反対に、「ある業界紙の中面に記事が出るはずだったのに、もともと一面に載る予定だった記事が急きょ掲載中止となり、そのかわりに自社の情報が一面に掲載されることに！」というケースだってあるのです。
　ですからメディア掲載という「結果」だけでなく、活動プロセス数もあわせて管理しましょう。
　また、前ページの表では「記事数」「放映数」といった書き方をしていますが、単純に回数だけの集計では、実態に即していない部分もあります。
　たとえば同じ新聞記事でも、日経新聞で取り上げられるのと、小規模の業界紙で取り上げられるのでは影響力に違いがあります。ですから、メディアの訴求力の大きさや記事のスペース（テレビ番組であれば放映された長さ）などにより、ポイント制にして集計している企業が比較的多いようです。
　もうひとつの集計法は「コストパフォーマンス評価」。「もし、同じスペースで広告を出したら、いくらかかるのか？」という視点で換算するのです。
　たとえばテレビの場合は、「同じ長さのコマーシャルを流したら、いくらになるのか？」を計算します。経営陣や社内のキーパーソンに広報の効果をアピールしたい場合には、この「広告換算」が効果的です。
　戦略広報のスタート前に、自社の認知度やイメージのリサーチをしておき、活動がある程度軌道にのってメディア露出が増えてきた時点で、再び同じリサーチを行い、どれだけ数字が上がったかを比較するというのもおすすめです。
　さらに、日頃から1タスクごとに結果の分析・考察を行っておくことも重要です。「〇〇に記事が掲載されると、他媒体からの取材依頼が増えるので、おそらく多くのメディア関係者がチェックしているのだろう。〇〇へのプレスリリースはFAX送付ではなく、毎回持参しよう」「月曜日のワイドショーは金・土・日の3日間の情報を伝えるため競争率が高い。タレントを招いてのイベントは月曜から木曜の間に実施しよう」というように、明らかになった内容をどんどんノウハウ化し、今後の活動に生かしてください。

「効果測定・目標設定例(横濱カレーミュージアム)」

最終目標

①企業の認知度の向上→全国的知名度の獲得
　　　　　　　　　　2012年16%→2014年50%超え
②長期継続的な売上利益の獲得→黒字化
　　　　　　　　　広告を出さないと利益が出る！
　　　　　　　　　（広告なしで経営＝広報のみ）
③企業ブランド価値→◎カレー業界の最高峰の位置付け
　　　　　　　　　◎「横浜観光と言えば」という施設

具現化するために

露出数：月間100本（テレビ、新聞、雑誌のみ／Webを除く）
プロセス：1）プレスリリース300本、2）メディア50媒体重点管理、3）記者会見年間4回
　　　　※地元の当時ナンバーワン情報誌「横浜ウォーカー」の全号に載せる
広報年間計画：年間100企画を実施

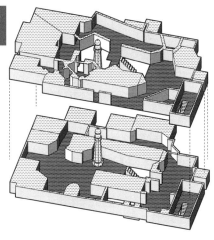

全国11のカレーの名店が集結

「戦略広報」のための デジタルコンテンツ

戦略広報における自社サイトの管理

　ホームページ、ブログ、動画サイト、「Twitter」「Facebook」……。企業が自社の情報を発信できるデジタルコンテンツは、今や数え切れないほど存在しており、何をどのように使いこなせばよいのか頭を悩ませている方が多いのではないでしょうか。
　本書では"メディア関係者へのアプローチ"という視点で、企業サイト管理の注意点や、おすすめのデジタルコンテンツを紹介します。

　ある企業の商品やサービスを自分たちのメディア（新聞やテレビ番組）で取り上げるかどうかを検討するとき、大半のメディア関係者はその企業のサイト（ホームページ）を訪れます。ですから、自社サイトをつくっておくことは基本中の基本。
　そのうえで実践してほしいことがいくつかあります。

（1）メディアの問い合わせ窓口はわかりやすく

　企業サイトを見て、「ぜひ、この会社に取材したい」とメディア関係者が思ったときにすぐコンタクトできるよう、メディアの問い合わせ窓口をつくっておきましょう。
　どの企業でも自社サイトに総合的な「問い合わせフォーム」を持っていると思います。メディア関係者はそこからでも問い合わせできますが、スピーディーな対応が望ましいので、できれば「取材の申し込みはこちら」「取材に関するお問い合わせ」などと明示した、メディア関係者が広報部

に直に連絡できる窓口をつくっておきましょう。

(2) メディア用の会員コーナーもおすすめ

　戦略広報先進企業のなかには、登録制でメディア関係者だけが閲覧できる会員コーナーを設けている会社もあります。

　会員コーナーのコンテンツは、各メディアで使用可能な写真（商品写真、商品の使用イメージ写真など）と、プレスリリースでは伝え切れなかった情報を補完する文字情報です。

　なお、写真は閲覧者が自由にダウンロードできるようにしておきます。「写真の提供をお願いして、それが広報部から送られてくるのを待つ」という手間や時間をカットできるので、メディア関係者からは重宝がられているようです。

(3) プレスリリースをサイトにも掲載

　メディア関係者に向けてFAXやメールでプレスリリースを配信したら、すぐ企業サイトにも同じものをアップしましょう。企業サイトのプレスリリース保管ページをチェックしているメディア関係者は、意外と多いのです。自社から配信していないメディア関係者が、キーワード検索でプレスリリースを見つけてくれることもあります。

ネット検索で自社の情報を見つけてもらう方法

　人々に情報を伝える方法を「プッシュ型」と「プル型」という2タイプに分類する考え方があります。

　テレビCMやダイレクトメールのように、相手に一方的に送りつける（＝プッシュ）のは「プッシュ型」のアプローチ。

　一方、インターネットの普及によって急激に広まったのが「プル型」のアプローチです。企業が自社のサイトに製品情報などを掲載しておくと、なにか特定のトピックに関心を持った人がネット検索を通じてそのサイトを訪れ、必要な情報を引き出す（＝プル）という仕組みです。

広報からメディア関係者への情報発信の代表格である「プレスリリース」は、典型的な「プッシュ型」です。
　ただ戦略広報を実践していくのであれば、もう一方の「プル型」の情報発信も充実させていく必要があります。
　その代表が「オウンドメディア」。自社で運営するWebサイトやブログのことで、情報発信を完全に自分たちでコントロールできるのが大きな特徴です。
　リリース配信のような即効性はありませんが、紙のプレスリリースと違って、動画を含む大量の情報を掲載しておくことが可能です。
　また、自分たちの好きなタイミングで情報発信することができますし、間違いを見つけた場合はすぐに修正が可能です（紙のプレスリリースの場合、発信後に誤字脱字を発見しても"後の祭り"です）。

　オウンドメディアの具体例としてご紹介したいのが、ライオンが運営している「Lidea（リディア）https://lidea.today 」です。
　記事は「お洗濯」「お掃除」「キッチン」「歯とお口の健康」「健康・美容」「子育て」の6カテゴリーに分かれていて、それぞれの分野で研究キャリアを持つ同社の7〜8人の社員（暮らしのマイスター）が、暮らしに役立つ情報を発信しています。
　たとえば2017年のゴールデンウィーク直前に掲載された「春物ストールの手洗い方法」という記事では、洗い方・乾かし方のプロセスと注意点が写真を交えてわかりやすく書かれています。記事の最後に「おすすめの商品」としてライオンの洗剤と柔軟剤がさりげなく掲載されていますが、春物のストールの洗い方が知りたくてこの記事をチェックしている読者にとってこの商品情報は、「宣伝」ではなく、春物ストールの洗濯に最適な洗剤を教えてくれる「有益な情報」として映るでしょう。
　この例からもわかるように、オウンドメディアの特徴は自社製品を前面に押し出すのではなく、見込み客にとって「役に立つ記事」をコツコツと提供し続けること。そして、見込み客を引きつけ、購買意欲の喚起につなげていることです。

ビールメーカー各社のオウンドメディアでは、ビールに合うレシピを数多く紹介して"ビールが飲みたい気分"を引き出し、文具メーカー各社のオウンドメディアでは、製品開発ストーリーや自社製品の活用法などを読み物にして、読者の文房具に対する興味・関心を高めています。
　これらのオウンドメディアは、基本的には一般消費者を対象につくられていますが、メディア関係者にとっても貴重な情報源です。
　たとえば、先ほどの春物ストールの洗い方は、新聞やテレビの情報コーナーの企画を考える際の大きなヒントになります。もし、"春のファッションのお手入れ特集"なんて企画が成立した場合、ライオンに取材協力をお願いする可能性は非常に高いでしょう。文房具の製品開発ストーリーも「もっと掘り下げて記事にしたい」というメディアが現れる可能性は大です。
　「リディア」のようにコンテンツの充実したオウンドメディアをいきなり構築することは難しいかもしれませんが、自社が得意とする分野の情報を少しずつコツコツと発信していくことは可能です。
　記事として制作したコンテンツは、自分たちで削除しない限り、情報を伝え続けます。つまりそのコンテンツは自社にとっての「資産」になるわけです。
　コンテンツが充実し、検索でそのサイトを訪問する人が増えてくると、「Google検索」で表示される位置が徐々に上位になっていきますので、そうなればさらにメディア関係者の目につきやすくなるでしょう。
　ちなみに「春物ストール　洗濯」で「Google検索」すると、「リディア」の該当ページが一番最初に表示されます（2017年5月現在）。

　ネット検索で自社の情報を見つけてもらう方法がもうひとつあります。それは新聞（全国紙、地方紙、業界紙）に自社の情報が掲載されること。
　今は多くの新聞社がデジタル版を持っていますし、「Yahoo! JAPAN」をはじめとするたくさんのニュースサイトが、新聞社から提供された記事をそのまま配信していますので、これまでなら"紙の新聞に載ったら、それで終了"だった情報がネット上に長期間（場合によって半永久的に）残

り続けます。

　そうなるとメディア関係者が検索でその情報を探し当てることが増え、それによって新聞などへのメディア露出が増え、さらに検索されやすくなる……、ということです。

SNSは"なんとなく"で始めてはいけない

　広報に携わる人間にとって、気になるデジタルコンテンツといえば、「Twitter」や「Facebook」「Instagram」といったSNSではないでしょうか。

　結論から申し上げると、本書では戦略広報の観点からSNSへの参入を積極的にはおすすめしません。

　自社製品の宣伝ばかり投稿していてはフォロー数が増えませんし、"おもしろいアカウント"として認められるには企画力・文章力が必須。フォロワーからのコメントやメッセージにはこまめに対応しなければなりませんから、専属の担当者が必要です。しかもご存知のとおり、ちょっとした発言で「炎上」して、かえって企業やブランドのイメージを失墜させてしまう危険もあります。

　それだけの手間をかけても、「メディア関係者へのアピール」という観点で見ると、高い効果は期待できません。

　戦略広報を実践するのであればSNSに参入するために必要なリソースを、自社サイトの充実やオウンドメディアでの情報発信に向けるべきだと考えます。

　どうしてもSNSに挑戦してみたいのであれば、投稿する内容やタイミング、写真の撮り方などについて「ガイドライン」をつくっておきましょう。また、SNSスキルのある専属の担当者を配置するなどの事前準備をしておきたいところです。

6 危機発生時の対応

戦略広報にはリスクに対する問題意識も必要

　危機管理の具体的なノウハウについての解説は専門書に譲るとして、本書では戦略広報を実践している広報部員に求められる"リスクに対する心得"を中心に、企業の危機管理のアウトラインに触れておきます。

　どの企業にも事件・事故・不祥事といった不測の事態（リスク）が起こる可能性があり、それをゼロにすることはできません。しかも情報技術の進歩、社会の複雑化、企業のグローバル化などにより、新たなリスクが次々と生まれており、以前ならそれほど問題にならなかったようなリスクが企業に甚大なダメージを与えるケースも起きています。

ダメージの種類

●人的ダメージ

●財務ダメージ

●責任（賠償）ダメージ

●機会損失（利益損害）ダメージ

●信用ダメージ

こうした事態を防ぐために行うのが「危機管理」です。平時にやっておくべきことは"リスク発生を未然に防ぐこと"と"リスク発生時に備えた準備をすること"。そして、万が一リスクが発生してしまったら"ダメージを最小限にとどめること"に全力を注ぎます。
　このところの企業の危機事例を見ると、リスク発生後のメディア対応に失敗したためにネガティブな報道が行われ（ときにはそれがSNSで拡散され）、企業イメージが大きく失墜してしまうケースが少なくありません。
　そこで重要になるのが「危機管理広報」。
　日頃からリスク発生の際の準備をしておき、不幸にしてリスクが発生してしまった場合には的確なメディア対応で企業ブランドを守り抜かなければなりません。

　ところで、危機管理の重要性が広く認識されるようになったにも関わらず、それに見合うだけの十分な体制をとっている企業はまだまだ少ないように感じます。
　日頃の戦略広報が着実に成果を上げるようになり、自社のブランドや商品が広く知られるようになればなるほど、不祥事を起こしたときにSNSなどでネガティブな情報が拡散される可能性が高まりますから、ひとつ対応を誤ればせっかく培ってきた信用や自社の"ファン"を一気に失うことになりかねません。
　ですから戦略広報を実践する人たちにとっては、危機管理に対する問題意識を強く持つこと、そして自社の体制が不十分であったならば、それがいかに重要であるかを経営陣に指摘していくことも、必須事項だと言えるでしょう。

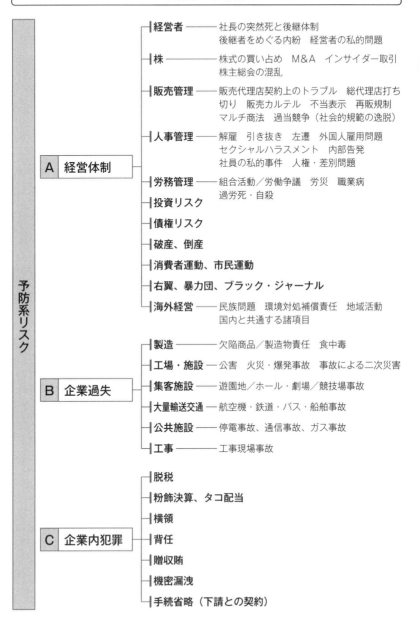

企業リスク分類

第4章 「戦略広報」のための広報技術

予防系リスク

A 経営体制
- 経営者 ── 社長の突然死と後継体制　後継者をめぐる内紛　経営者の私的問題
- 株 ── 株式の買い占め　M&A　インサイダー取引　株主総会の混乱
- 販売管理 ── 販売代理店契約上のトラブル　総代理店打ち切り　販売カルテル　不当表示　再販規制　マルチ商法　過当競争（社会的規範の逸脱）
- 人事管理 ── 解雇　引き抜き　左遷　外国人雇用問題　セクシャルハラスメント　内部告発　社員の私的事件　人権・差別問題
- 労務管理 ── 組合活動／労働争議　労災　職業病　過労死・自殺
- 投資リスク
- 債権リスク
- 破産、倒産
- 消費者運動、市民運動
- 右翼、暴力団、ブラック・ジャーナル
- 海外経営 ── 民族問題　環境対処補償責任　地域活動　国内と共通する諸項目

B 企業過失
- 製造 ── 欠陥商品／製造物責任　食中毒
- 工場・施設 ── 公害　火災・爆発事故　事故による二次災害
- 集客施設 ── 遊園地／ホール・劇場／競技場事故
- 大量輸送交通 ── 航空機・鉄道・バス・船舶事故
- 公共施設 ── 停電事故、通信事故、ガス事故
- 工事 ── 工事現場事故

C 企業内犯罪
- 脱税
- 粉飾決算、タコ配当
- 横領
- 背任
- 贈収賄
- 機密漏洩
- 手続省略（下請との契約）

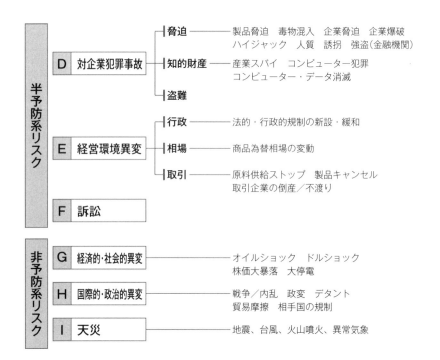

予防系 リスクとは	リスクの原因が企業のなかにあるもの。リスクの発生が予見され、予防策を講じておくことができる。あるいは、そのリスクが発生した際の対応プログラムを事前に構築して、そのリスク被害を最小限におさえることができる。
半予防系 リスクとは	リスクの原因が企業の外にあるもの。リスクの発生が予見されるが、予防策は"予防系リスク"ほどは十分に講じておくことができない。ただし、そのリスクが発生した際の対応プログラムは事前に構築し、そのリスク被害を最小限におさえるための準備はできる。
非予防系 リスクとは	リスクがその企業のみを対象とはしないもの。リスクの予見が難しい。あるいは突然にリスクが発生する。また、リスク対応に際して、自己努力のみでは対応できない側面を持つ。

出所）猪狩誠也『広報・パブリックリレーションズ入門』(宣伝会議) 2007年, 268ページ

危機管理広報の基本フロー

　危機管理広報には、危機を回避するための「リスクヘッジ広報」と、実際に危機が起こってしまったときの「クライシス広報」の2つがあります。

　平常時のリスク管理の中心となるのは、社内の各部署の代表（部課長クラス）を構成員とする「危機管理委員会」。メンバーには必ず広報部も加わります。

　委員会の主な任務は154ページの図のとおりですが、そのほかに、広報部が中心となって"社長や幹部社員に記者会見などでのマスコミ対応スキルを身につけてもらう「メディア・トレーニング」の実施"や"社員の危機管理に対する意識を高める啓蒙活動"も行います。

　危機が起きてしまった後のクライシス広報は、メディア対応の「スピード」と「適切性」の2つが何よりも大切です。

　なぜなら、ある会社が不祥事を起こしたとき、"問題を起こした"という事実そのものと同じくらいに（場合によってはそれ以上に）"その企業がどれだけ素早く誠実に対応したか"が企業のイメージに影響を与えるからです。

　そのほかに「メディアの窓口を閉ざすことなく、誠実に対応する」「スポークスマンは1人に絞る」「うそ、ごまかし、隠蔽は絶対にしない」といったことも大切です。

緊急事態発生時のメディア対応

　まず知っておいていただきたいのは、リスクが発生したときにそれを報道するのは、「経済部」や「生活情報部」といった日頃接している人たちではなく、新聞の社会部記者や週刊誌の記者だということです。経済部や生活情報部の人たちとの平時の取材やインタビューは、和やかな雰囲気で行われていますが、謝罪会見などでは社会部記者などから容赦のない質問や追及が次々と浴びせられることになります。

　しかし、彼らの勢いに押されて不適切な発言や対応をしてしまうと、それこそダメージが倍増してしまいます。

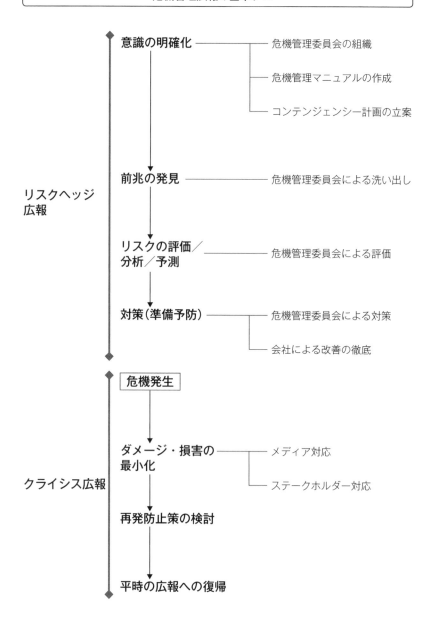

会見にのぞむ前に、事故や不祥事に関する情報をしっかりとまとめ、社としての方針なども明記した「ステートメント資料」や、記者会見での「想定問答集」を準備しておくことが欠かせません。

平時広報と危機管理広報

	平時広報	危機管理広報
目的	企業イメージの最大化 商品・サービスの訴求	未然の防止 ダメージの最小化
ニュース特性	ポジティブ	ネガティブ
ニュース価値	大〜小	大
影響度合	大〜小	大
対応メディア	経済部／生活情報部	社会部／テレビ報道／週刊誌

メディアが企業に求める情報

1　事実
　（いつ、どこで、何が起きたのか、経緯、現状）

2　原因と背景

3　損害
　（被害内容）

4　責任の所在

5　今後の対応と再発防止策

※「ステートメント資料」「想定問答集」もこの5点を基準に作成します。

緊急記者会見の5原則の図

どのような状況でも感情的にならないことが鉄則

1　謝罪

⬇

2　現状説明

⬇

3　原因究明

⬇

4　再発防止

⬇

5　責任表明

PR会社の活用術

PR会社とは何か

　PR会社とは、広報の専門ノウハウやコミュニケーション技術を駆使して、企業や団体の広報活動をサポートする会社で、「総合PR会社」と「専門PR会社」の2つに大別できます。

「総合PR会社」は、広報戦略の策定からプレスリリースの作成・配信、イベント運営、危機管理広報まで広報業務全般に幅広く対応。一方の「専門PR会社」には、"IT業界に強い""美容・コスメを専門に扱う"というように業界やカテゴリーを限定した会社や、"プレスリリースの作成と配信"、"テレビ局へのアプローチ"、"配信代行"、"リスクマネジメント"など、特定の広報業務だけを行う会社があります。

　ところで「PR会社」と「広告代理店」を混同している方が意外と多いのですが、二者はまったく違います。

　テレビCMや新聞・雑誌などの広告を制作し、それがテレビで放映されたり、新聞・雑誌に掲載されたりするまでの一連の業務を代行するのが広告代理店。PR会社は、その企業の情報がテレビ、新聞、雑誌などで取り上げられるよう、さまざまな活動を行いますが、実際にメディア露出できるかどうかはわかりません。

　企業から支払われるお金の意味合いを見ても、広告代理店とPR会社の違いは歴然。広告代理店には"成果物"への対価が支払われるのに対して、PR会社には"PR活動そのもの"に対する報酬（つまりは人件費や経費）を渡すことになります。"PR会社は広報業務をアウトソーシングする会社"

ととらえると、その役割や存在価値が明確になるのかもしれません。

```
                    ┌─────────────────┐
                    │   PR会社の種類    │
                    └─────────────────┘
                            │
                ┌───────────┴───────────┐
                │                       │
         ┌──────────────┐         ┌──────────────┐
         │   総合PR会社   │         │   専門PR会社   │
         └──────────────┘         └──────────────┘
```

総合PR会社
- PR・広報の全般にわたり幅広く業務を遂行する
- PR・広報業務をトータルで依頼することが可能

※しかし、必ずしも全ての分野に精通しているとは限らず、業務の内容や分野により、得手不得手がある

専門PR会社
- PR・広報業務の一部分に特化し、その分野を専門に行う
- 一分野に人脈や資金を集中することで、専門化したノウハウやルートを有し、その分野において強力に業務遂行する

クライアントリレーション特化型

依頼先であるクライアントのPRリサーチ、プレスリリース作成、取材対応（補佐）など、PR・広報業務の一部の業務を請け負うことを得意とする

メディアリレーション特化型

テレビ、ラジオ、雑誌、新聞などいずれかのメディアに絞り、集中してアプローチする。特定メディアに集中することで、人脈ではキーマンである担当者レベルまで、企画内容では提案レベルまで深く入り込み、高い確率での露出を狙う

カテゴリー特化型

食品、自動車、薬品などの一定の商品カテゴリーを専門としている。自らの得意とする商品カテゴリーにおいて、クライアント業務からメディアへのアプローチまでこなす

出所）井上岳久『無料で１億人に知らせる　門外不出のPR広報術101』（明日香出版社）2007年，171ページ

PR会社の組織特性

　多くのPR会社は、小集団によるチーム制で業務を遂行しています。その特徴をいくつかピックアップしてみましょう。

（1） 1チームは3〜5名

おそらく、最も多いのは"3人1チーム"。多くても5人程度です。

（2） 1つのチームが担当するクライアントは1〜10件程度

担当する件数は、各社との契約料によって決まります。

たとえば年間の予算が一千万円を超えるような企業であれば、1つのチームが専属で当たりますが、月に換算して数十万程度の企業の場合は、数社を1つのチームが担当します。

仮に1チームが10社のクライアントを抱えているとすると、1ヵ月を30日と単純計算して、1社の広報活動に当てられる時間は3日ということになります。

（3） 基本的に全業務をそのチームメンバーが行う

企画立案、プレスリリース作成・配信、メディア訪問、取材のコーディネート、報告書作成など、全てを行います。

ただし、規模の大きなPR会社では、"プレスリリース担当"、"テレビ局担当"といった専門チームを組織しているケースもあります。

（4） チームごとの独立採算制が多い

業績の評価もチームごとに行います。

（5） 力をつけると独立する人が多い

スキルが属人的であるため、一定の能力を身につけると、独立する傾向にあります。

戦略広報ならではのPR会社活用法

（1） PR会社への丸投げは禁物

最初に結論を申し上げますと、私がこれまで取材してきた戦略広報先進企業で、広報業務をPR会社に丸投げしている会社は皆無です。一部の業務をPR会社に委託している企業すら少なく、"どうしてもサポートが必要

なときに、ピンポイントでお願いする"という会社が大半です。
　その理由は簡単です。
　戦略広報というのは、その会社の人間でなければできないものだからです。"経営陣を巻き込んで、戦略広報の導入を全社に広める"、"開発部やマーケティング部に働きかけて、新商品にニュースバリューを付与する"、"社内の全ての部署の広報担当者と密なコミュニケーションをとり、プレスリリースのネタになる情報を入手する"……、いずれもその会社の内部にいる人でなければできないことなのです。
　また、たとえば「プレスリリースの作成・配信」をPR会社に丸ごとお願いしてしまうと、プレスリリースの書き方、メディアリストの作り方、メディア関係者へのコンタクトの仕方といったノウハウの蓄積がまったくできません。
　80ページでも書いたとおり、商品やサービスへの愛と熱意のこもったプレスリリースを書けるのは、実際にそれを手がけた開発担当者や広報部員といった社内の人間です。メディアリストも自社が必要とする条件に100％当てはまるものは、自分たちでつくるしかありません（しかもPR会社にメディアリストの作成をお願いした場合、作成したリストの詳細をクライアントに公開しないところがほとんどです）。
　ですから、戦略広報を実践するのであれば、広報部員だけではどうしても足りない部分だけをPR会社にアウトソーシングすることを強くおすすめします。

　ちなみに私が横浜のカレーミュージアムの広報を担当していたときには、東京のメディアへのアプローチと、取材件数が特に多い時期の取材立ち会いだけはPR会社にお願いしていました。

> PR会社にアウトソーシングする業務例

- 広告戦略や年間計画を一緒に練ってもらう
- 自社に適した広報企画の提案
- OJT形式での新人指導
- ファクトブックやニュースレターの作成
- プレスリリースの配信(一部)
- 取材の立ち会い
- 地方のメディアへのアプローチ
- 記者発表会や懇談会の企画・運営
- セールスプロモーション
- メディア露出の把握(クリッピング収集)
- リスクマネジメント
- メディアトレーニング
- 海外に向けての広報活動

PR会社の選定方法

(1) 候補先のリストアップ

　自社がサポートを必要としている業務を得意とするPR会社をピックアップします。自社の属する業界に強いPR会社だとベターです。

(2) 問い合わせ・面談

　PR会社の特性は実際に会って話をしてみないとわからないことが多い

うえに、チームによって得意分野が違うこともあるので、できるだけ多くのPR会社と面談するのが望ましいでしょう（できれば20社前後、少なくとも10社以上）。

(3) オリエンテーション

　PR会社の選定は、コンペ方式で行うのが一般的です。「オリエンテーション」では、自社の事業内容や広報活動のコンセプトや目標、PR会社に求める成果、予算、提案してほしい具体的な内容などをPR会社の担当者に伝えます。

　全てのPR会社に全項目をもれなく伝える必要があるので、オリエンテーションの内容をまとめた「オリエンシート」をあらかじめ作成しておきましょう。

(4) プレゼンテーション

　PR会社からの提案を聞きます。

(5) PR会社の決定・契約

　選定のポイントは次ページの図にまとめていますが、さらに1つ付け加えたいのが"チームリーダーのやる気と実績のチェック"です。

　リーダー次第でチームのパフォーマンスが大きく変わりますから、慎重に見極めてください。

　それから、提示金額が他社と比べて明らかに安いPR会社は要注意。私の経験上、"安かろう悪かろう"となってしまう危険性が大です。

| PR会社選定・契約の際の確認点 |

☐ 実績のある担当者か

☐ 自社の必要としている分野の専門スキル、人脈を有しているか

☐ 広報代行活動の内容を具体的かつ詳細に提示しているか

☐ 状況に応じて臨機応変に対応できるか

☐ 費用は一定か
（業務の増加で費用が加算される場合もある）

契約の際には以下の点について確約してもらう

● 担当メンバーは固定で対応

● 広報活動の成果目標を数字で明確に提示

● 成果目標へのコミット（努力目標ではダメ）

● 定期的に活動内容を報告してもらい、効果検証を行う

● 効果が出ない場合の対応

第5章 「戦略広報」実践事例

学校法人 近畿大学

**年間400本以上のリリース配信
など日々のたゆまぬ努力と熱意で
志願者数日本一の座を堅持**

企業概要
設立　1925年（大正14年）
事業内容　大学院・大学・短期大学および、高専・専門学校・高校・中学校・小学校・幼稚園の運営
資本金　学校法人のためなし
売上高　学校法人のためなし
教職員数　9,861人（平成29年5月1日現在）

(1)広報に力を入れ始めた動機	2013年、大学のブランド戦略を包括的にすすめるため、総務部広報課と入試広報課を合併して広報部（現・総務部広報室）を設立。大学の生き残りをかけ、大胆なPRを開始（PR会社への委託をやめ、全ての広報活動を自前で手がけることに）。
(2)企業理念	「実学教育」と「人格の陶冶」

広報の目的
・「実学教育の近畿大学」を社会に認知させる
・伝統に縛られない大学のカラーを世間に共感させる
・現状の大学の序列を打破し、フェアな競争環境を創り出し、日本の大学全体のレベルアップを図る

(3)広報の年間目標	・年間400本のプレスリリースを配信
(4)広報活動のポイント	・2016年度は年間約474本のプレスリリースを配信。
	・全ての部署に広報担当を置くことと、学内の決裁システムを活用することで、大学院から幼稚園まで全ての部署の情報を総務部広報室に集約。
	・特製の教員名簿「コメンテーターガイド」を配付し、「専門家の意見を聞きたい」というメディアの要望に的確に応える。
(5)成果	・入試広報改革スタートから7年で、志願者数日本一の大学に。
	・しかも2014年度から4年連続で「志願者数日本一」を獲得。

「近大マグロ」で「実学の近大」をキャッチーにアピール

　過去10年で志願者数を2倍以上に伸ばし、2014年度から4年連続の"志願者数日本一"となった近畿大学。受験生の人気獲得の原動力となっているのが、大学の魅力を絶え間なくアピールし続ける広報のメディア戦略である。
　それまで業界の誰もが「大学の広報は難しい」となかば諦めていたなか、なぜ近畿大学だけが壁を突破できたのか。そこには大胆な発想と緻密な仕掛け、そして地道な努力が共存しているようだ。

　近畿大学が、大学の広報を担当する「総務部広報課」と主に学生募集を行う「入試広報課」を統合し、「広報部（現・総務部広報室）」を立ち上げたのは2013年4月のこと。
　現在は15名の総務部広報室メンバーで、学生募集の広告宣伝、オープンキャンパスや説明会の運営、そして近畿大学だけでなく附属幼稚園から大学院や附属病院まで全ての組織の広報活動を担当している。つまり「近大ネットワーク」の対外的なコミュニケーションおよびブランド戦略は、全て総務部広報室が包括的に担っていることになる。

　近畿大学といえば、多くの人がまず思い浮かべるのは「近大マグロ」だろう。
　近畿大学水産研究所が1970年に研究をスタートし、2002年にようやく成功させたマグロの完全養殖。この研究成果は当時大きなニュースとなったが、それ以降大学側から「近大マグロ」に関する情報を積極的にアピールすることはほとんどなかった。
　その状況を変えたのが、2007年暮れに、それまで広報担当をつとめていた近畿日本鉄道（現・近鉄グループホールディングス）から近畿大学に移り、「入試広報課」の課長となった世耕石弘さん（現・総務部長）だ。プレスリリースや広告、イベントなどで「近大マグロ」にスポットライトを当てることで、近畿大学が建学の精神に掲げる「実学教育」、すなわち"研

究成果を社会に役立てる"というこれまで十分に訴求できていなかった同大学の強みをわかりやすく表現し、広く浸透させることができた。

　戦略広報の観点で見ると、紙の願書の提出ではなく、Webサイトにアクセスして必要な情報を入力することで出願できる「近大エコ出願」という試みを、入試広報課のリードで2013年に実現したことも見逃せない。「ネットでの出願は、もちろん手続きの合理化のためでもありますが、ブランディング戦略の一貫としての意味合いがとても強いです。2014年に紙の願書を廃止し、日本で初めて出願の完全ネット化を実現したことで、近畿大学の先進性をアピールできました」と世耕さんは言う。

情報収集の難しさは、大学という組織ならでは

　広報、広告宣伝、イベント運営など多岐にわたる業務のなかで、総務部広報室が最も重きをおいているのが、プレスリリースによる情報発信だ。その頻度は極めて高く、2015年度は年間397本、2016年度には年間474本のプレスリリースを出している。

　理系・文系合わせて14学部48学科と短期大学部、法科大学院、大学院11研究科、さらには23の研究所等を有する総合大学なので、プレスリリースの"ネタ"になるような研究やイベントは確かに多いはずだが、それらの情報を総務部広報室に集約するのは容易ではないようだ。情報収集を難しくしている最大の理由は、大学という組織の特殊性なのだと世耕さんは説明する。

「大学の"教員組織"は、それこそ芸術家から文学者、医師、外国人、スポーツ選手まで、さまざまな専門分野を持つ先生たちが、全て対等な横並びになっているんです。それゆえ、ピラミッド型の組織では可能な"トップの人に伝えておけば、その構成メンバー全員に情報や指示が下りていく"という流れは望めません。まぁ、そこが大学の広報の大変なところであると同時に、醍醐味でもあるんですけれどね」。

「プレスリリースの素材になりそうな情報があったら、すぐに総務部広報室に伝える」という協力体制を学内に築くには、プレスリリースでの情報

発信による広報活動の重要性を教職員に理解してもらうことが不可欠。そのためには、実際の成功事例を見てもらうことが、なにより効果的だという。

「学部ごとに、年間何本のニュースを発信したかを記録しており、明らかに少ない学部については、教員を集めて説明会を開くこともあります。スライドなどを使って"本学のこういう情報を、このようなプレスリリースにして発信したら、これらの媒体でこんなふうに取り上げられました"と紹介するんです。新聞やテレビできちんと報道されたことに関しては、どの先生も一定の理解を示してくれますね。とはいえ現場に協力してもらうことは、今もあいかわらず難しい。これからも努力し続けるしかありません」。

年間400本ものリリース発信を可能にする「仕組み」

それにしても、年間474本ものプレスリリース発信がどうして可能なのか。そのカギを握っているのは2つの「仕組み化」である。

1つ目は、全ての部署への「広報担当」の配置。大学の全学部、全ての附属校、病院において、それぞれ1名の担当者を定め、事務や経理といった本来の業務に加え、「外部に発信すべき情報をキャッチしたら、すぐに総務部広報室へ連絡する」という任務を託している。

「そうすると、"今度、○○教授のチームが企業とコラボすることになりました"とか、"大学の相撲部の学生が附属幼稚園の餅つき大会に参加します"といった情報が入ってくるわけです。ちなみに、餅つき大会の件は"本物の力士が来るわけでもないのに、取り上げてくれるメディアがあるのだろうか"という疑問を抱きながら、念のためプレスリリースを出したら、NHKの「おはよう関西」という地域情報番組が取材してくださいましたよ。何が当たるか、わからないものです」。

また、広報担当の人たちに対しては、私も講師を担当させてもらったが年に1回の研修も行っている。

「広報のテクニカルな部分も教えますが、"広報によって大学がこんなに変わる"とか、"近畿大学が今こんなふうに評価していただいているのには、総務部広報室からの発信も大いに影響している"といったことを1人ひとりにしっかり理解してもらうことをいちばんに考えています」。

取材のご案内

平成29年（2017年）1月16日

報道関係各位

近畿大学

千里ニュータウンの車止めの秘密を発表
新千里北町の"地域の宝"を地元の方々に紹介

近畿大学建築学部、近畿大学大学院総合理工学研究科（大阪府東大阪市）の建築計画研究室が、千里ニュータウンの新千里北町だけに50ヵ所以上点在する、動物型や幾何学型などのユニークな形の車止め（写真）の秘密を調査研究し、平成29年（2017年）1月19日（木）豊中市立北丘小学校にて、その成果を発表します。

豊中市新千里北町のキリンの車止め

【本件のポイント】
● 地域で親しまれてきたユニークな車止めの計画原理を建築学部学生が発見
● 画一的と思われがちなニュータウンの個性を"街の宝物"として地域の方に紹介
● 学生の研究成果が、住民が自分たちの街の魅力を見直すきっかけとなる

【本件の概要】
　建築計画研究室（担当教授：鈴木毅）では、地域団体ディスカバー千里（代表：太田博一 氏）と共同で、千里ニュータウンとその歴史について調査しています。その中で、新千里北町の個性的な車止めに注目し、千里ニュータウンでも新千里北町だけの特徴であること、幾何学型に関してはオリジナルデザインであること、設置の背景や配置の規則性などを発見。画一的で面白みのない街だと思われがちなニュータウンにも、よく見ると都市建設に携わった人たちの工夫や想いがあふれていることがわかりました。
　調査研究によって明らかとなった新千里北町の車止めの秘密を、"街の宝物"として地元の方々に紹介するため、建築学部学生とともに研究してきた近畿大学大学院の院生が北丘小学校で発表を行います。北丘小学校の鈴木暁子校長は、「豊かなまちづくりが50年の間に成熟・定着した千里ニュータウンで、車止めをヒントに地域住民が自分たちの街を見直し、次の50年を考えるきっかけにしたい」という思いでこの講座を企画しました。

■日　時：平成29年（2017年）1月19日（木）10：30～11：30
■会　場：豊中市立北丘小学校 多目的室（大阪府豊中市新千里北町2丁目19-1）
　　　　　（御堂筋線直通・北大阪急行線「千里中央駅」から徒歩約15分）
■対　象：保護者と地域の方々
■発表者：太田博一（（株）太田博一建築・都市デザイン、ディスカバー千里 代表）
　　　　　武部俊寛（近畿大学大学院総合理工学研究科 環境系工学専攻 修士2年）

本件について取材をお願いします。取材の際は、事前に下記までご連絡ください。
＜本資料配布先＞ 豊中市政記者クラブ、大阪科学・大学記者クラブ、東大阪市政記者クラブ

【報道機関からのお問合せ】近畿大学　広報部　担当：石﨑、坂本
TEL：(06)4307-3007　FAX：(06)6727-5288　E-mail：koho@kindai.ac.jp

※本件に関する画像を以下サイトでご提供します。ご自由にお使いください。
https://goo.gl/66nurK

「全部署への広報担当の設置」「学内の決裁システムの活用」によって年間400本ものプレスリリースの発信を可能にしている。

2つ目の「仕組み化」は、学内の決裁システムの活用である。
「大学はいまだに"決裁文化"なので、研究費用や物品購入費に関わる申請だけでなく、特許の取得や学会の開催などについても大学側の決裁が必要です。そこで、特許やイベントの決裁に関しては総務部広報室も合議部署に入れてもらい、総務部広報室が目を通して印鑑を押さなければ稟議書が回っていかないようにしています。ここでかなりの情報をつかまえられるので、そこからニュースになりそうなものをピックアップしていくのです」。
　さらに総務部広報室では、プレスリリースをスピーディーに仕上げるための工夫も行っている。たとえばプレスリリースのフォーマット。「タイトルは複数のキーワードを組み合わせてつくり、リード文は短く。伝えたい情報は3つのポイントにまとめて提示」というシンプルなルールにすることで、誰もが短時間で書き上げられる。そして、できあがったリリース原稿のチェックはクラウドを利用した「ビジネスチャットツール」で行うため、リリース作成者と世耕さんがどこにいても、すぐにチェックが受けられる。
「こうしたスピード感ももちろん大事ですが、表現のわかりやすさについては徹底的にチェックを入れます。大学なので、すごく難しい科学技術の話題も多いんですよ。専門用語自体を変えるわけにはいかないので、たとえば"どういうことに利用できるのか""その物質は人間の体内でどんな働きをしているのか"といった説明を加え、誰にでもわかりやすい文章になるまで何度でも書き直しをします。スーパー文系人間の僕が、すんなり理解できるプレスリリースになったら合格です」。

テレビや新聞に教員を登場させるための仕掛け

　近畿大学のWebサイトにある「メディア掲載一覧（http://www.kindai.ac.jp/media/）」を見ると、文字通り毎日のように近畿大学の教員がテレビや新聞、ラジオなどに出演したり、コメントを寄せたりしていることがわかる。
　この頻繁なメディアへの露出を後押ししているのが「報道関係者のための　近大コメンテーターガイドブック」という冊子だ。講師を含めた約

1200人の教員について、専門分野や"コメントが可能なジャンル"などを顔写真入りで掲載しており、しかもたとえば「ゲノム」「ダークマター」「コーチング」「シェイクスピア」「少数民族」などなど、科学技術から国際情勢、くらしや文化まで、84件におよぶ多彩な検索キーワードから教員を探せる索引も用意。こうした工夫により突発的な事故や事件が起こったときの、記者や番組制作者の「この件でコメントできる専門家を、今すぐ見つけたい」という要望に即座に応えてくれるのだ。

　教員をメディアに露出させることに、なぜこれほどまでに積極的なのか、世耕さんに尋ねた。

「教員たちの研究には、税金をもとにした補助金が支給されています。ですから、彼らには自らの研究成果を世の中に還元する義務があるのです。もちろんみなさん、学会で発表したり、論文を書いたりしているわけですが、それは一般の人たちに伝わる方法ではない。でも、たとえば有名なタレントさんがめずらしいガンで亡くなると、その報道を見て"私は大丈夫かしら？"と不安に思う方がいますよね。このとき、そのガンの専門家が適切なコメントを出せば、しっかり社会の役に立てるわけです」。

　しかも、こうしてさまざまな教員が露出することで、"近畿大学ではこんな分野も研究しているのか！"ということを、たくさんの方々に知ってもらえるのだという。

「たとえば、橋げたが落ちるという事故が起きても、薬物中毒者による事件があっても、うちにはその道の専門家がいます。世の中で起きる事柄の99％は、本学の教員で対応できるのではないでしょうか」。

「コメンテーターガイド」はWeb版もあって、誰でも容易にキーワード検索ができるので、わざわざ冊子を配付する必要はないのだが、このシステムの存在を知らしめるために、あえて冊子版も印刷。初めて会うメディア関係者には必ず手渡ししているそうだ。

　教員のメディア露出をめぐるもうひとつの特徴は、メディア関係者からの問い合わせ窓口を総務部広報室に一本化していることだろう。ここにも、大学という組織の特殊性が関係している。

第5章 「戦略広報」実践事例

近畿大学の教員が頻繁にメディアに露出する理由のひとつに「報道関係者のための近代コメンテーターガイドブック」の存在がある。

講師を含めた約1200人の教員について、専門分野やコメント可能なジャンルなどを顔写真入りで掲載。

「大学の教員というのは、とにかく連絡がつきにくいんです。特に文系の教員は週に数回しか大学に来ませんし、学内にいても授業に出ていたら電話がつながらない……。しかし、総務部広報室に連絡をいただければ、こちらから学部の事務部にコンタクトがとれます。各事務部は所属教員の携帯電話も自宅の電話も番号を知っていますから、すぐに先生をつかまえることができます」。

こうした"至れり尽くせり"の対応によって、"頼りになる近大"という認識がマスコミに広く浸透しているからこそ、今日もどこかの新聞やテ

メディア関係者からの問い合わせ窓口を総務部広報室に一体化。これも教員のメディア露出を促している。

レビに近畿大学の先生の姿やコメントが登場することになるのだ。

少子化への危機感が今日も近大総務部広報室を動かす

最後に、あらためて総務部広報室の目標をうかがった。
「本学の建学の精神である"実学教育"を未来永劫遂行し続けられるよう、広報活動によってサポートする。これが大前提です。そのためには、きちんと学生を確保していかなければなりません。もちろん数を集めるだけでなく、レベルをキープすることも重要です。25年前には204万人だった18歳人口が、今年は120万人に。2030年には99万人にまで減ってしまうと予測されています。受験生の数が減れば、大学入学が楽になって、浪人生は少なくなりますから、事実上18歳の若者たちだけが我々にとってのお客様ということになります。およそ40年で、このマーケットが半分以下になってしまう……。この危機的状況のなかでコンスタントに学生を集めるためには、あの手この手で大学の魅力を発信し続けるしかありません」。

つんく♂さんがプロデュースするド派手な入学式、ビジュアルにマグロを使った大胆な新聞広告、"漫画が3割を占める図書館の新設"、"教科書や参考文献をアマゾンの専用ページで販売"といった他大学にないユニークなニュース……。
こうしたインパクトのある話題についつい目が行きがちだが、近大のブランド戦略の成功のカギは、「教職員と絶えずコミュニケーションをとる」「プレスリリースを毎日コツコツと出し続ける」「メディア関係者からのさまざまな要請に誠実に応える」といった地道な取り組みが握っているのかもしれない。

事例2 ダイニチ工業 株式会社

「取り上げられたいメディア」の
コンテンツを徹底的に分析し
戦略的に情報を提供

企業概要

設立	1964年（昭和39年）
事業内容	家庭用石油ファンヒーター、業務用石油ストーブ、セラミックファンヒーター、加湿器、部品(サービスパーツ)、コーヒーメーカー他の製造・販売
資本金	40億5,881万円
売上高	182億4,600万円(2017年3月期)
従業員数	512名(2017年4月1日現在)

(1)広報に力を入れ始めた動機	2014年、広報室長が交代。メーカーとしての認知度アップを目指し、新任者（元営業マン）が積極的な広報活動をスタート。
(2)企業理念	常に新しい技術を生み出し 私達が心から誇れ お得意が安心して販売でき 使用者にいつまでも愛される よい商品をつくる
	広報の目的 ・知名度を高める。　・「ダイニチ」のファンを増やす。
(3)広報の年間目標	ダイニチ流の広報スタイルで年間掲載300件
(4)広報活動のポイント	・記者や番組制作者の"目線"や"仕事の進め方"を常に意識しながら、情報発信＆コミュニケーションを。 ・開発部も気づいていない自社製品の魅力を発掘してプレスリリースに。年間を通じてプレスリリースを出すため、社内制度やイベントにも着目。 ・自社の情報を取り上げてほしい"新聞や番組のコーナー"を徹底的に研究して、そこに照準を合わせたプレスリリースを作成。
(5)成果	・年間掲載数は常に3ケタ。 ・掲載された記事を、量販店などへの営業ツールとして有効活用。

知名度アップを目標に広報活動をゼロからスタート

　ダイニチ工業は、新潟県新潟市に本社と工場を置く東証一部上場メーカー。

　主要商品は暖房器具と加湿器で、家庭用石油ファンヒーターの国内シェアは10年連続No.1、加湿器も4年連続"メーカー別数量・金額シェアNo.1"を誇っている。

　同社が、広報による情報発信に力を入れ始めたのは2014年のこと。それまでの広報室は、社内報の作成と"購入者からのアンケートはがきに対する返礼"が主な業務だったという。

　前任者からの担当引き継ぎをきっかけに、広報室長に就任した野口武嗣さんから話をうかがった。

「私は入社から14年間ずっと関東圏の営業所勤務で、その後、本社のある新潟に異動しました。広報の仕事をやってみないかと声をかけられて、真っ先に考えたのが"会社の知名度を上げたい"ということです」。

　前述のとおり、同社の石油ファンヒーターは全国シェアNo.1と売れ行きは極めて好調なのだが、営業時代の野口さんの頭のなかには「お客様はダイニチというメーカー名を意識しているのだろうか？」「チラシの特売品だから、売れているのかもしれない」といった思いが常にあったという。「営業先で"何のメーカーですか？""外国の会社？"などと聞かれることもありましたから。実際のところ、商品認知度の全国調査によると、地域によって認知度にかなり開きがあり、なかでも関東や近畿は非常に低いことがわかっています。地元新潟での知名度はとても高いので、本社はこの状況に気づいていなかったようです。そこでまずは社外への情報発信の方法を学ぼうと、東京で開かれていた新人広報担当者向けの講座に通い、プレスリリースの書き方は井上岳久さんから学びました」。

記事にまとめる記者の目線でプレスリリースを作成

　プレスリリースを書く際に、特に重視している点をうかがった。

「井上さんの講義で最も印象に残ったのは、"５Ｗ１Ｈ"のなかでも特に"Why"の部分が大切だというお話です。プレスリリースを読んだ記者は"なぜ今なのか？"、"なぜその商品やサービスなのか？"といった背景をいちばん知りたがると教えていただいたので、今も必ず全てのプレスリリースに"なぜ？"の答えを入れるようにしています。それから"読みやすい字の大きさやフォントを選ぶ"、"営業時間外でも問い合わせができるように、携帯電話の番号を入れる"など、常にそれを読むメディア関係者のことを考えながらプレスリリースを書くことの大切さも学びました」。

新体制となった広報室（野口さん＋部下２名）が2014年度に発信したプレスリリースは12本。その結果、なんと143回もメディアに取り上げてもらうことができた。

プレスリリースの話題は、新製品情報やIR情報に加え、"協力会社の社員も含めて約1000人が参加する大運動会"や"社員の子どもたちが製品の製造工程などを見て回る子ども参観日"など幅広い。

こうした情報はどのように集めているのだろう。

「弊社の主要商品は暖房機器で、商品情報はどうしても秋から冬に偏りますから、１年を通じて情報発信するために社内制度やイベントの話題なども積極的に取り入れています。情報収集の場は、各部課長が社長に業務報告をする月例会議。新聞記者の視点で報告を聞きながら、ニュースになりそうな情報をピックアップしています」。

ある月例会議で野口さんが着目したのは、同社が初めて発売することになった電気ファンヒーターにつけられる安全装置。石油ファンヒーターには、揺れを感知しただけで停止する"対震自動消火装置"の設置が義務づけられているのに対し、そうした決まりのない電気ファンヒーターは、転倒したら作動する"転倒スイッチ"が一般的なのだが、ダイニチの電気ファンヒーターには"対震自動消火装置"が装備されるというのだ。

「そこで開発部に取材をしたところ、特に防災の意識はなく、石油ファンヒーターなら当たり前の安全装置をそのままつけただけだと話してくれました」。

NO.2015_012
2015年8月27日
東証一部（証券コード5951）
DAINICHI

ファンヒーターで「地方創生＆防災」!!
対震自動停止装置を搭載した
国産電気ファンヒーター2機種を新発売

　ダイニチ工業（株）【社長 吉井久夫】は、国産の電気ファンヒーター2機種を9月1日より全国の家電量販店等で販売いたします。

　電気温風機市場は海外製の商品が大半を占めていますが、昨今の円安と海外の人件費高騰は今後も続く可能性があり、国産の商品でも新規参入が可能と判断いたしました。

　新商品は新潟県内の工場で100％生産し、国産の部品を積極採用することで他社製品と差別化するほか、安全装置には対震自動停止装置を搭載し、石油ファンヒーター並みの安全設計思考を採用しました。

EF-1215D(ホワイト)　EF-1215D(ブラウン)　EFH-1215D(ホワイト)　EFH-1215D(ブラウン)

　石油ファンヒーターは郊外のご家庭で使われるケースが多いのに対し、電気ファンヒーターは都市部の集合住宅や、キッチン・トイレ・脱衣所などの狭いスペースで使用されることを想定しており、既存ビジネスとの相乗効果を見込んでいます。

　暖房専用機種 EF-1215D・加湿機能付き機種 EFH-1215D の2機種を発売し、初年度の売上は合計で7億円を予定しております。

ここがPOINT！
①ものづくりで地方創生! 国内生産・ヒーターも日本製を採用
②地震のときも安心　対震自動停止装置付き

お客様のお問い合わせ先	ダイニチ工業（株）お客様ご相談窓口（0120-468-110）
商品紹介ホームページ	http://www.dainichi-net.co.jp/products/ef/

■ **製品画像は当社HPよりダウンロード可能です。**
http://www.dainichi-net.co.jp/ef/ （10月1日まで）

第5章　「戦略広報」実践事例

開発者が特に意識していなかった商品の価値を強調したプレスリリース。

そこで、電気ファンヒーターの従来の"転倒スイッチ"の安全性について調べてみると、阪神淡路大震災のとき、落下物などの影響で倒れ切らず、作動したままの電気ファンヒーターが原因の火災がとても多かったことがわかった。さっそく、住宅防火研究の第一人者として知られる大学教授を探し出し、アポイントをとって会いにいったという。
「確かに"転倒スイッチ"では火災を防げないケースが多いというお話でした。そして"もしこの商品についての記事を書くのに専門家のコメントが必要だという記者がいた場合は、私のことをご紹介してもらってもいいですよ"と言っていただけました」。
　開発者が特に意識していなかった"商品の価値"に気づいて「地震の際の安全性の高さ」を強調したプレスリリースを配信し、記者が話を聞ける専門家もあらかじめ用意する……。この発想力、行動力には驚かされる。

▌筆者に話題を提供したことで、自社がコラムの題材に

　さらに野口さんは、一斉配信のプレスリリースとは別に、ターゲットを絞った情報発信も行っている。
　その一例として朝日新聞の日曜コラム「波聞風問（現在は火曜日に移動）」に同社が取り上げられるまでの経緯をご紹介しよう。
「いつかこのコラムで、ダイニチ工業のことを書いてもらいたい」と考えた野口さんは、毎週欠かさずコラムをチェックし、筆者の一人であるY編集委員が「日本でいちばん大切にしたい会社大賞」の事務局「人を大切にする経営学会」に入会したという記述を見つけた。
「弊社では、部品を製造している協力会社が１年間ずっと安定した収入を得られるように、年間通して暖房機をつくる"通年生産方式"をとっているのですが、その取り組みが評価され、2012年の「第２回・日本でいちばん大切にしたい会社大賞」で実行委員長賞をいただいているんです。"波聞風問"は数人の記者が交代で書いていてそれぞれ持ち味が違うのですが、弊社の"通年生産方式"は、Y編集委員が書くコラムの題材にぴったりだと確信しました」。
　さっそく野口さんは"通年生産方式"の紹介を中心とした特製リリース

をつくり、Y編集委員に会いに行った。しかも５月に企画を持っていきながら、できあがったストーブが工場内に山積みされている夏場の取材を提案したのだ。

　こうしてできあがったコラムは、その年の８月初旬に「真夏の暖房器具」というタイトルで掲載された。

「コラム掲載までの過程で、自社の強みをあらためて理解しましたし、素晴らしい文章で弊社が紹介されたことで、社員みんなが喜んでくれました」。

"この話題を、どこで取り上げてもらおう？"と策を練るとき、野口さんが重視しているのが、新聞や番組の「コーナー」だという。

「家電製品の話題、企業の社内制度やユニークな社員の紹介といった新聞記事は、ほとんどが連載コーナーに掲載されますからね」。

　ターゲットとなる「コーナー」をいったいどのようにセレクトしているのか、その手の内を明かしてもらおう。

「私が最初にしたのは"Yahoo!トピックス"の情報元である新聞記事をチェックすることでした。御存知の方も多いと思いますが、Yahoo!は自社で記事を書いておらず、さまざまなメディアから提供された記事を"Yahoo!ニュース"として掲載しています。そこで"Yahoo!トピックス"からさかのぼって、弊社の話題が掲載される可能性のあるコーナーを見つけ、もしそれが署名原稿の場合は、朝日新聞のコラムと同じように"何人の記者が書いていて、それぞれの記者はどんなテーマを得意としているか"も分析します」。

　こうした分析には、紙の新聞よりもキーワードやコーナー名、記者名などで検索できるデジタル版がおすすめだそう。そのため同社の広報室では紙の新聞10紙に加え、デジタル版も７紙購読している。

　このようにしてコーナーや記者を把握してグループ分けしたら、あとは発信したい情報があるたびにプレスリリースや提案書をつくり、該当するグループのコーナーや記者に届けている。つまり、相手のコンテンツを研究して、それに合った情報を中心に提供しているということだ。

「最近は新聞社も残業時間を減らす動きがあり、記者のみなさんは今までよりも短い時間で記事を書かなければなりません。そんななか、関係のない情報を次々と一方的に送りつけ、それに目を通すためにその記者のみなさんの貴重な時間を奪うのは申し訳ないなぁと思うんです」。

メディア関係者と頻繁に顔を合わせることが大事

　野口さんは営業出身ということもあってか、メディア関係者との対面コミュニケーションをとても重視している。

　このインタビューは東京で行ったのだが、その週の野口さんの東京出張は4回。さすがにこれは多い方だというが、普段から週に1〜2回は東京に来て、お付き合いのある記者や番組制作者に会っているという。人脈作りはどのように行ってきたのだろう。

「最初の頃はありとあらゆるツテをたどって、それこそSNSで同じ大学出身者を探したりもして、とにかく新聞社や放送局に勤めていらっしゃる人とコンタクトをとり、その方から社内のメディア関係者を紹介していただきました。担当者が異動される場合は後任の方を必ずご紹介いただきますし、親しくなってくると〝この人にも会ってみては？〟と同期の社員を紹介してくださる、なんてこともあります。外部からのアプローチは跳ね返されることが多いですが、1人とお知り合いになれれば、あとは人づてにつながっていきます。とにかく大事なのは、直接お会いすることですね」。

　1年目に143回のメディア掲載を実現した野口さんは、2年目に〝掲載数を2倍にする〟という数値目標を立てた。そして、その目標通り掲載数を280件に増やしたのだが、〝掲載されること〟ばかりに集中し、〝本当に届けたいメッセージを正確に伝えていなかったのではないか〟という思いが残った。

「それからは、情報を本当に届けたいところにしっかり届ける、〝ダイニチさんのファンだよ〟と言っていただけるようなメディア関係者を1人でも増やす、という方向に舵をきりました。必要な人脈は2年半でほぼできあがったので、今後は今ある関係をより深くしていこうと思います」。

メディア掲載の積み重ねが自社の資産になると確信

　広報の活動を充実させるに当たって、当初経営陣は"商品の宣伝をしてほしい"と希望していたようだった。
　しかし、実際に情報発信を始めてみると、商品情報は思ったほどには取り上げられず、メディアが盛んに話を聞きたがるのは、会社の制度やイベント、がんばっている社員などだった。
　会社の要求と実態とのギャップにとまどっていた野口さんだが、私のセミナーを受け"広告と広報の違い"を社内の人たちに説明できるようになったという。
「広告は、掲載する場もタイミングも内容も、全て自分たちで指定できますが、そのかわりお金がかかる。広報の場合、どう表現するかを決めるのは記者や番組ディレクターなので、こちらの思い通りにならないこともあります。しかし、読者や視聴者にとっては広告よりずっと信頼度が高く、みなさんの心に強く刺さる。「報道」「広報」「広告」の違いといったことを繰り返し繰り返し説明して、ようやく理解を得ることができました」。
　しかしながら、やはり"広報の活動は商品の売り上げにつながったのか？"という点については、いまでも不安に思うところはあるようだ。
「でも、新聞や雑誌に載れば印刷物が残りますし、インターネット上にもさまざまな形で情報が残ります。その積み重ねが、会社にとっての資産となり、いずれは効果が出てくるのだと信じて、情報を発信し続けています」。
　私の専門家の視点で評価すれば、戦略広報の最終目標である「企業ブランドの認知度向上」と「長期的な利益」に寄与していることは確実だと思う。

　メディア掲載後の野口さんの対応だが、たとえば雑誌や新聞の場合、商品が紹介されたページの二次使用契約をメディア側と交わすこともあるという。
「出版社に抜き刷り印刷をお願いし、それを小売店の店頭に置かせていた

だくこともありますし、"これは営業ツールに使える" と思った新聞記事も二次使用契約をして営業マンに配付を。営業マンは当然ながら自社製品を "よいものだ" とお客様にアピールしますが、第三者によって書かれたものがあると信頼度が格段に上がるので、営業がしやすくなるんです」。

　最後にこんなエピソードを教えてくれた。
「繁忙期に家電量販店で販売応援をしていたら、スマホで弊社のWebサイトを見ながら商品を探しているお客様がいらしたんです。"どうしてダイニチを？" とうかがったところ、"2年前に『マツコの知らない世界』で取り上げられているのを見て、いつか加湿器を買うときは絶対ダイニチにしようと決めていました" との答え。メディアを通じた情報発信の大切さをつくづく実感しました」。

　メディア関係者とのつながり方から、メディアの選び方やアプローチの仕方まで、どんな業種の広報でも使えるワザやポイントを数々話してくださり、"ここまで種明かししてもいいのだろうか" と思ってしまうほどだ（全てを実践できる人はなかなかいないだろうが）。
　それはともかく、"常にメディア関係者の立場に立って考える" という姿勢は、ぜひみなさんも今日から取り入れてみてほしい。

事例3 株式会社 丸治

「巣鴨でしか買えない」
を大事にしながら
看板商品の魅力を多角的にPR

企業概要

設立	1970年（昭和45年：創業は1952年）
事業内容	紳士、婦人用の生活衣料品・雑貨の小売
資本金	6,000万円
売場面積	200坪
従業員数	40人

(1)広報に力を入れ始めた動機	・2004年（さる年）に「赤パンツ」が大流行。次のさる年（2016年）もブームを起こすべく、2012年からプレスリリースの勉強を開始。 ・それに加え、同社が望む媒体（バラエティ番組ではなく、新聞、ニュース、情報番組などを希望）で取り上げてもらえるような情報発信を目指すことに。
(2)企業理念	幸福を生む店
広報の目的	・「赤パンツのマルジ」を老舗に育て上げる。 ・より多くの人に巣鴨へ足を運んでもらう。 ・売上アップは目的ではない。
(3)広報の年間目標	2020改善
(4)広報活動のポイント	・「赤パンツ」という看板アイテムを軸に多彩な企画を考案。 ・店に足を運んでもらうため、地方のメディアでも「巣鴨のマルジ」をアピール。 ・巣鴨地蔵通り商店街の魅力も、YouTube動画などで積極的に発信。
(5)成果	・広報の行動計画をつくるため、年間経営計画の策定を開始。それにより、全ての物事を戦略的に見られるようになった。

巣鴨の名物・赤パンツの誕生から大ブレイクまで

　1986年の暮れ、NHKの情報番組「おはようジャーナル」で"おばあちゃんの原宿"として取り上げられたのをきっかけに、多くのマスコミが取材に訪れ、日本全国にその名が知れ渡ることとなった東京・豊島区の「巣鴨地蔵通り商店街」。

　全国各地で商店街の衰退が問題になっているが、この商店街は当時も今も高齢者を中心にたくさんの人でにぎわっている。

　この商店街のシンボルとも言える"赤パンツ"の店を経営しているのが、戦略広報の実践例としてぜひご紹介したい会社「マルジ（丸治）」だ。

　巣鴨地蔵通り商店街に４店舗あるマルジでは、さまざまな衣料品を扱っているが、看板商品は「赤パンツ」。４店舗のうちの１つ「赤パンツ館」は店中が赤いパンツや靴下で埋め尽くされている。

　「パンツひとつでは、情報発信のネタが足りないのでは？」「そもそも、人気商店街の看板商品をこれ以上広める必要があるのか？」。

　「赤パンツのマルジ」の多岐にわたる意欲的な取り組みを知れば、そういった疑問は自ずと消えていくだろう。

　まずは最初に、マルジと赤パンツの歴史をご紹介しよう。

　マルジが品ぞろえ豊富ないわゆる総合衣料品店として営業していた1993年のある日、同社社長の工藤敬司さんは売場の責任者から「このところ"赤いパンツがほしい"というお客さまが何人も続いています」という報告を受けた。

　赤い布には体を温める作用があるとして、北陸や上越、東北・北海道などの寒冷地では、昔から赤いパンツを履く習慣があるのだそうだ。

　「どこの問屋に問い合わせてみても赤いパンツはなく、"そんなもの、もし売れ残ったら10円でもさばけませんよ"と笑われました。そんななか"うちにある赤い生地二反分を全て買い取ってくれるなら、パンツを縫ってもいいですよ"というメーカーさんが現れました。そのおかげで1994年に誕生したのが、マルジのオリジナル"赤パンツ"です」と工藤社長が振

り返る。

　この赤パンツが、2年後の1996年に突如として脚光を浴びることになる。ゴールデンウィークに放映されたテレビ東京「出没！アド街ック天国」の巣鴨特集で、マルジと赤パンツが大々的に紹介されたのだ。

　その後、さまざまなメディアで"赤パンツは健康によい"、"パワーが出る"といった情報が発信され、マルジには赤パンツを求める客が大勢やって来るようになった。

　そして2004年、ついにマルジの赤パンツが大ブレイクする。

　そのカギを握っていたのが、2004年の干支である「申」だ。申年は、言葉の響きからわかるとおり"災いが去る（サル）縁起のよい年"だと言われていて、たとえば「申年に贈られた肌着を身につけると、病が去る」「申と書かれたパンツを履くと、下の世話（寝たきり）にならない」といった、下着にまつわるさまざまな言い伝えが、全国の至る所に存在するのだという。「申年に健康長寿の願いを込めて肌着を贈る習慣があるなら、絶対に赤パンツが売れるだろうと予想し、前年から申年用の赤パンツの生産体制を整え、着々と準備していたところ、2003年11月にNHKがあるデパートとマルジを取材して"申年に赤パンツを"と紹介したのを皮切りに、マスコミがこぞってマルジの赤パンツを話題にしたんです。赤いパンツを扱う会社は弊社以外にもありましたが、生産数不足で早々と品切れに。2004年の正月に赤パンツの在庫を十分持っているのは全国でマルジだけという状況だったので、店には多くのお客様が集まり、売場で奪い合いが起こるほどの人気でした」。

　この一連の出来事により、"巣鴨の赤パンツのマルジ"の認知度はさらにアップした。その後も、倉本聰脚本のドラマ「拝啓、父上様（2007年／フジテレビ系）」で、主人公がマルジに来店して赤パンツを買うシーンが出てきたり、さまざまなバラエティ番組で取り上げられたり……と、マルジのメディアへの露出は続いていき、そのたびに売り上げを伸ばしていったのだ。

目指すのは"多売"ではなく「老舗になること」

　広報活動など何もしなくても、メディア関係者が次々と取材にやってき

て、テレビや新聞で取り上げてくれる。そんなうらやましい環境にあるマルジだったが、2012年に工藤社長が私の講座を受けに来られた。それはなぜだろうか。

「次の申年である2016年に備えるために受講しました。2004年の"申年の赤パンツ"は大成功しましたが、その後ネットが広く普及し、情報伝達の流れもスピードも当時とはまったく異なるステージに移行。では我々は何をすべきかと熟考した末に、マルジもプレスリリースを出していこうという結論に至ったのです。あと、それに加えて"こちらが望む媒体で紹介してもらうための情報発信の方法を学びたい"という思いもありましたね」。

当時巣鴨にロケにやって来るテレビと言えばバラエティ番組が大半であった。そして赤パンツを"お笑いのネタ"のように扱うことが少なくなかったのだ。

「以前のように、新聞やニュース、情報番組でもっと取り上げられたいというのが我々の希望でした」。

ここからが同社の戦略のユニークなところなのだが、工藤社長は「むやみに拡大すべきではない」という経営哲学をお持ちで、「とにかく赤パンツをたくさん売りたい！」とは考えていないのだ。

「衣料品業界はずっと低調で、消費支出はこの15年の間で26.7％も落ちています。ミニマリストが幸福感を感じ、シェアやレンタルが盛んになる"モノはいらない時代"が到来しました。このような状況のなかで、マルジは"老舗"を目指そうと決めました。老舗というのは、単に長く存続していればいいというものではありません。たとえ200年続いていたとしても、"蕎麦屋から米屋に変わり、その後雑貨屋に転身し……"という店は老舗とは呼びませんよね。老舗に必要なのは"研ぎ澄まされた逸品"です。たとえば、世の中の人が昔ほどようかんを食べなくなっても、"ようかんと言えば虎屋"だし、"虎屋と言えばようかん"なんです。1952年創業で、赤パンツの誕生は1994年と、まだまだ歴史の浅いマルジですが、赤パンツを"研ぎ澄まされた逸品"に育て上げることで、老舗になろうと決意しました」。

地方メディアで「巣鴨のマルジ」をアピール

　そこで同社が最優先課題としたのが「リアル店舗の充実」だ。
「闇雲に拡大するのではなく、リアル店舗としてのあり方を徹底的に突き詰め、その価値を高める。老舗としての将来は、そこにしかないと確信しています」。

　リアル店舗の充実のための取り組みは、大きく分けて3つある。
　まずは「店に足を運んでもらう仕掛け」だ。その一例として、2012年11月に配信したプレスリリースを見ていただきたい（次ページを参照）。
　これは2005年に「夕陽日本一宣言」を行った静岡県西伊豆町で製造販売されている「夕陽のど飴」を、巣鴨のマルジでも販売することになったという情報の告知なのだが、最大の特徴は"このプレスリリースは静岡新聞にしか送っていない"ということだ。
　同社がプレスリリースの配信を始めた2012年からずっとその作成を手がけている矢島章子さんにお話をうかがった。
「この飴は、社長の工藤が旅行先の西伊豆で見つけました。そのおいしさと赤い色の美しさに惚れ込んで、すぐに製造元の飴元菊水さんに提携話を持ち込んだそうです。静岡新聞の女性担当者に飴のサンプルを添えてプレスリリースを郵送したところ、飴元菊水さんに取材した内容も加えた写真入りの大きな記事になって夕刊に掲載されました。それを読んだ地元ラジオのDJがご自分の番組で話題にするといった波及効果もあったようです」。
　マルジは東京にあるのに、なぜ静岡の新聞を狙ったのだろう？
「末永く続く老舗になるためには、地方とのつながりを築くことも大切な要素の1つだと思っています。それぞれの地域で地元の新聞やニュースを見てマルジに興味を持った方が"東京に行く機会があれば、ぜひマルジに寄って買い物をしたい"と思ってくださるかもしれませんからね（工藤社長）」。
　ほかにも山形県小国町、福島県会津若松市など、地方とのネットワーク作りと、地元メディアへのピンポイントなアプローチは着々と進んでいる。

News Release　　　　　　　　　　発信日：2012年11月10日

元気に素敵生活。

報道関係者各位

赤パンツで有名な巣鴨のマルジ
幸福の赤いのど飴
伊豆と巣鴨を結ぶ赤い飴 新発売！

この度、株式会社マルジ（所在地：豊島区巣鴨、代表取締役：工藤敬司）は西伊豆町仁科で飴を製造販売されている「飴元菊水」さんと提携して「幸せの赤いのど飴」を新発売しました。"西伊豆の夕日の赤" と "巣鴨の赤パンツの赤" がコラボレーションし、「赤」の結ぶご縁で販売に至りました。巣鴨の巣鴨地蔵通りは、とげぬき地蔵様への参拝客や「おばあちゃんの原宿」と呼ばれ年配のお客様にを中心に賑わっている商店街です。弊社はその地蔵通りで創業61周年を迎え4店舗を営業中です。中でも「赤パンツ館」は多くのマスコミに取り上げられ、巣鴨名物「赤パンツ」として好評を博しています。

マルジ赤パンツ館 03(3918)4558

弊社社長が伊豆を旅行中に、この赤い飴を見つけ、飴の味と色に惚れ込みました。偶然、マルジの担当者も伊豆の出身という事も重なり飴元菊水さんと間が繋がりました。

赤パンツの人気のわけは？

東洋医学ではヘソの下3～4cmにある丹田が気の発信地、健康の源と言われています。丹田を意識し集中する丹田式健康法がありますが。この丹田式健康法を、はくだけで誰でも簡単に取り入れられるといわれるのが「赤パンツ健康法」です。更に、赤い布を身につけると体を温める作用があるといわれ、「病が去る」「下の世話にならない」などという言い伝えもあります。又、「冷え性の改善」や「夜トイレに行く回数が減った」という方もいらっしゃいます。

| お問い合わせ | （株）マルジ（プレス担当：工藤常務）〒170-0002 東京都豊島区巣鴨4-21-11
TEL 03-3918-5914　FAX 03-3917-2936
e-mail h-kudou@sugamo-maruji.jp　URL http://www.sugamo-maruji.jp |

地方とのつながりを築くために地方メディアへのピンポイントなアプローチを行う。

店に足を運んでもらうための仕掛けはほかにもある。

マルジは2014年に「アディダス」「ミズノ」「キティちゃん」とコラボしたオリジナルデザインの赤パンツを相次いで発売したが、いずれも巣鴨の店舗でしか取り扱わなかった。

またインターネット通販に関しても、アイテムや個数を最小限度に抑え、"店に来ていただくこと"を最優先している。

商店街の魅力を発信することにも尽力

マルジでは2016年秋から、広報の一貫として紙芝居風の映像コンテンツシリーズを公開している。
「赤パンツ誕生」や「なんで赤なの？」「赤パンツコレクション」といった自社製品の情報を届ける動画だけでなく、「巣鴨歳時記」「巣鴨地蔵通り商店街グルメマップ」といった巣鴨地蔵通り商店街の魅力を伝える動画もつくっているのがポイントだ。
「マルジのリアル店舗の価値を高めるには、この商店街自体の価値もどんどん高めていかなければいけないと思うんです。そのために、巣鴨の魅力を発信する動画を制作しました（工藤社長）」。

この映像は「YouTube」などでも見られるが、工藤社長が最も重視しているのは、これを店頭のモニターで流すことだという。
「たとえば、あるお客さんがたまたま天候のすぐれない日に巣鴨におみえになったとしましょう。マルジの店頭で"巣鴨歳時記"の動画をご覧になって、四季折々の魅力を知れば"それなら、4月になったらまた来てみよう！"と思うかもしれません。それにこの商店街には、テレビ番組の制作者や新聞・雑誌の記者なども頻繁に来ています。うちの店頭で動画を見かけて何かを感じ取ってくださったら、そこからなにか新しい企画が生まれることもあるでしょう。プレスリリースだけでなく、こうやって現場からも情報を発信し続けることを大事にしていきたいんです（工藤社長）」。

マルジという店と赤パンツだけでなく、商店街全体の魅力を積極的に広めていこうという意欲は、イベント企画にも発揮されている。

マルジが発行している新聞。自社の情報だけでなく、商店街全体の魅力を広めている。

マルジを知ってもらうための試みは数々あり、冊子の制作もそのひとつ。

たとえば、いまや巣鴨地蔵通り商店街の名物になっている「素人川柳大会」や、涼感を演出する夏場の「氷柱」は、もともとマルジが始めたものだ。

「商店街にはいろいろな考え方の人がいて、イベントをゼロから立ち上げようとすると、なかなか話がすすまないんです。ですから、まずはマルジが単独でやってみる。そして何度か回数を重ねて"これなら商店街でやれる"ということになったら、そっくりそのまま企画を引き渡して、うちは次の企画を考える。これからもこのスタイルを続けます（工藤社長）」。

広報を学ぶことでビジネスの捉え方が大きく変化

　最後に、広報による情報発信を始めて変わったことをうかがった。

「井上さんの講座を受けて、"ただ商品をつくっているだけではダメ"、"プレスリリースにニュースバリューを持たせるには、話題性や社会性が欠かせない"といったことを学びました。そのおかげで"この商品の発売は、どの時期がベストなのか？"、"このアイテムはどの県で製作してもらうと、話題性がいちばん高くなるのか？"というように、全ての物事を戦略的に見られるようになったんです。これは本当に大きな変化です（工藤社長）」。

「いちばんの変化は、年間経営計画をつくるようになったことだと思いますよ（矢島さん）」。

　そう、マルジでは毎年3月スタートの年間経営計画を作成しているのだ。商品企画や友の会への対応、店内装飾といった各業務の1年間の流れとともに、季節の行事や記念日、商店街のイベントなどを一覧表にまとめ、そこにプレスリリース配信日をプロットしている。

「これまで、商売は過去の経験をもとにした帰納法で考えていくものだと思っていましたが、演繹法でゴールから逆算してこないといいものができない。もちろん、プレスリリースの配信で、希望通りのメディアに取り上げられるようになったことも大きな成果ですが、ビジネスをこのように戦略的に見られるようになったことが、マルジにとっていちばんの財産です（工藤社長）」。

"老舗になる"という大きな目標を掲げ、その実現に向けた新商品やイベント企画を発案し、ベストなタイミングでプレスリリースを配信。
　さらには街の魅力を高めるためのさまざまな試みを実施し、店の価値をも高める。
　これはまさに、戦略広報のひとつの形だと言えるだろう。同社は現在、2020年に向けて日本各地の伝統工芸とのコラボ企画を進行中とのこと。
　赤パンツの進化に限界はないようだ。

株式会社 東洋

ユニークな企画を次々繰り出し大量のメディア露出による売り上げアップを実現

企業概要

設立	1987年（昭和62年）
事業内容	アミューズメント施設経営
資本金	9,670万円
売上高	15億6,515万円（2016年度）
従業員数	100人

(1) 広報に力を入れ始めた動機	・2014年、深夜のバラエティ番組で店が紹介され、来店者が急増。このとき初めて「広報」というものの存在を知り、プレスリリースの活用を決意。
(2) 企業理念	ありがとうづくりひとづくりしあわせづくり ありがとうと笑顔を集めるエキスパート集団づくりによるお客様と私達のしあわせづくり
広報の目的	・店の認知度を高める。 ・クレーンゲーム業界の活性化。
(3) 広報の年間目標	年間15本以上、メディアに取り上げられるクレーンゲームの企画・情報配信
(4) 広報活動のポイント	・テレビ番組や雑誌、新聞が思わず取り上げたくなるようなインパクトのある企画を考案し、プレスリリースで発信。 ・企画の立案から、企画の実現、プレスリリース作成・配信までを、大手企業にはとても真似できないようなスピード感で実施。 ・業務と密接に関連した専門家を社内で育成。さまざまなメディアへ露出するとともに、社内の企画発案でも活躍中。
(5) 成果	・来客者が増え、売り上げアップ。 ・広告費がゼロに（チラシや地元のフリーペーパーへの出稿をストップ）。

「世界一のゲームセンター」の誕生

　クレーンゲーム専門のゲームセンターを運営する「アミューズメント事業」と、ブランド品やジュエリーの買取販売専門店13店舗からなる「リサイクル事業」という、タイプの違う２つの事業を展開する東洋。

　どちらの事業も緑川裕一さん（広報・販促責任者）が中心となって広報活動を行っているが、本書ではクレーンゲーム専門店に関する広報を中心に、同社のユニークかつ経営と密接に連動した情報発信についてご紹介していく。

　「世界一のゲームセンター」として、これまで数え切れないほどテレビ番組に登場しているクレーンゲーム専門店「エブリデイ（埼玉県行田市）」。最寄り駅から遠く、人通りがほとんどない国道沿いという不利な立地でありながら、「ぜひこの店でクレーンゲームがしてみたい」と、日本国内はもとより海外からも多くの客が訪れている。

　そんなクレーンゲームファンにとって"聖地"のような存在である「エブリデイ」のルーツは、1992年に同社の中村秀夫社長が当時経営していた家電ディスカウント専門店に「お客様に楽しんでほしいから」と設置した１台のクレーンゲーム機にある。

　「店頭のクレーンゲームは大人気でした。みなさんが喜ぶ顔を見るのがうれしくて、次々とクレーンゲーム機を増やしていったら、いつしか家電の店がクレーンゲーム専門店のようになってしまったんです（中村社長）」。

　その後、2001年から2005年にかけて、埼玉県内に合計４つのクレーンゲーム専門店をオープン。どの店も幅広い年代の客でにぎわっていた。

　しかし家庭用ゲーム機などの普及により、国内のゲームセンター市場規模は2006年度をピークに減少。「エブリデイ」全店でも、顧客離れは深刻なものとなっていった。そんななか東日本大震災が起こり、計画停電や電気料金値上げの影響で経営状況はさらに悪化する。そこで３店舗を閉店し、そこにあったクレーンゲーム機を集めた大型店をつくるという、いわゆるスクラップ＆ビルドの手法によって2011年11月に誕生したのが、現在の

「エブリデイ行田店」だ。

その後、同社は"クレーンゲームの台数世界一の店"としてギネスに申請し、2012年3月3日にギネス世界記録と認定された（当時の合計台数は240台。現在は300台を超えている）。

こうして手に入れた「世界一のゲームセンター」という称号は、プレスリリースに表示すると大きな"引き"になるため、同社の広報活動の成功を大きく後押ししている。

テレビで紹介されたことで、広報の重要性を実感

同社が広報を熱心に行うようになったのは2014年。

マツコ・デラックスさんの「月曜から夜ふかし」というテレビ番組で店が紹介されたことがきっかけだ。

放映された内容は"ギネス記録を持つ世界一のゲームセンターだが、台数が多いがゆえに電気代が膨大"、"ゲーム機は100円玉しか入らないので消費税アップで利幅が減る"といった経営の悩みと一緒に"100円で何回もプレイできる台がある"、"景品が非常に取りやすい"といった「エブリデイ」の魅力もしっかりと伝わるもので、放映後、店への来客数は劇的に増加したそうだ。

テレビ番組の影響力の大きさを実感した中村社長は、このとき初めて「広報」というものの存在を知る。そして当時ゲームセンター部門の責任者をつとめていた緑川さんをメディア担当に任命し、イベント情報などを伝えるプレスリリースの配信をスタート。

「思いのほか反応があり、いくつかの番組で紹介していただけたので、"それなら、きちんと勉強して本格的にプレスリリースを出そう"と社長が決断し、私が井上さんのセミナーに通うことに。それまで書いていたプレスリリースは、イベント情報を一方的に知らせる、まるでチラシのようなもので、井上さんからたくさんダメ出しをいただきました。その後、井上さんに教えられた通り"ニュースバリュー"を意識したプレスリリースに変えていったところ、多くのメディアで紹介されるようになったんです（緑川さん）」。

メディアが魅力を感じる企画を次々と考案

　メディアへの露出が増えたいちばんの理由は、個性的なプレスリリースにある。

　一般的なプレスリリースの多くが非常に真面目で型にはまった表現が多いのに対し、同社のプレスリリースは受け取った人が「また、東洋さんがおもしろいことをやっているよ」とニコニコしてしまうような、ユニークでインパクトのあるものばかりなのだ。

　たとえば、本物の宝石（天然石）を景品にした「宝石キャッチャー」が大変な人気になっていることを知らせる、2015年12月配信のプレスリリース。本物であることが証明されている天然石が100円で取れる、という高い"ニュースバリュー"を持ったプレスリリースは大ヒットとなり、多くのメディアで報道されるとともに、「月曜から夜ふかし」への2度目の登場も実現した。

　頻繁にテレビで取り上げられることで、「エブリデイ」の来客数は増え、当然ながら売り上げもアップ。"話題になるプレスリリースを出せれば、それがそのまま売り上げに直結する"という、いわば理想的な流れが同社では実現しているということだ。
「エブリデイ」を取り上げるテレビ番組は、夜の遅い時間帯に放映されるものが多く、それを見る層はゲームセンターになじみのある層と合致している。本来、ゲームセンターというのは行っても行かなくてもいい場所だが、番組を見てその存在が想起されることで「じゃあ、行ってみようか」という動機付けになるのだろう。

　以前は年に2～3回、折り込みチラシをつくり、地元のフリーペーパーなどにも広告を出していた同社だが、現在はすべてストップ。「アミューズメント部門」の広告費はゼロになった。

報道関係者各位 ニュースリリース　　　　　　　　　　　　　　　　　2015.12.23

クレーンゲーム設置台数ギネス記録
世界一のゲームセンターエブリデイ

株式会社　東洋

**クレーンゲーム設置台数ギネス記録の「エブリデイ」がついに！
「銀座東洋ジュエリー」との提携で実現！**

「宝を探せ！宝石キャッチャー」が大人気！

**ダイヤモンドが！ルビーが！サファイアが！エメラルドが！
資格を持った宝石鑑定査定士が提供する本物の天然石が100円で取れる！**

第5章 「戦略広報」実践事例

　株式会社東洋（代表取締役：中村秀夫／埼玉県北本市）は、自社が運営する世界一のゲームセンターエブリデイ（埼玉県／行田市）にて、ダイヤモンドやルビーなどの本物の「天然石」を景品にした「宝石キャッチャー」を12月5日から登場させ、10日間で女性を中心に、早くも1番人気の台となっています。

本物の宝石（天然石）を景品に出来た理由
①ジュエリーのリサイクル販売「銀座東洋ジュエリー」から天然石のみの原価仕入れが実現した。
②資格を持った宝石鑑定査定士が全て真贋をして提供している。
③実はリサイクルショップには販売出来ない掘り出し物が結構眠っている。

正真正銘、本物の宝石が100円で取れる！

　世界一のゲームセンター「エブリデイ」では、景品の中身や店内の楽しさも常に追求をし続け、今回は「銀座東洋ジュエリー」との提携で実際にジュエリーショップで売っているダイヤモンドやルビー、サファイアといった高価な天然石をクレーンゲームの景品にしてしまおうという業界初のアイディアが実現しました。
　通常、ゲームセンターの景品は原価800円までと定められているため、なかなか高い景品を機械の中に入れることはできませんが、姉妹店からの直仕入れという事もあり、高価な天然石を実に50種類以上も集め、平均原価800円以内を実現させ、商品化に至りました。
　10日間の売上は機械1台で16万円です。
　通常の景品だと1台の平均売上が約5万円で、相当な人気なのが数字からもわかります。人気の理由は「価値」が非常に高い宝石だという点と、提供しているのが本物の安心出来る宝石鑑定査定士という点、そして最大の魅力は、数万円の価値がある宝石が100円で取れるという所です。

砂の中からすくい出す！
実際の宝石キャッチャー

宝を探せ！
天然石キャッチャー

本リリースのお問い合わせは
こちらまでお願い致します。

株式会社東洋　エブリデイ・エブリデイゴールドラッシュ
広報部　担当：天沼慎五（あまぬま　しんご）
TEL：048-593-0999　　携帯番号：080-6858-9621
メール：ama-numa@hotmail.co.jp
住所：埼玉県北本市中丸9-211

ユニークかつインパクトのあるプレスリリースは、一般的なプレスリリースと一線を画す個性を放っている。

小さな会社ならではの行動力とスピード感

　プレスリリースがユニークであること以外にも、同社の特徴はいくつかある。1つ目は、ゲームセンターという分野で、プレスリリースを出して集客している企業は少ないということ。
　その理由は、クレーンゲームというアミューズメントの基本的な仕組みにある。
　通常、ゲームセンターはクレーンゲームの景品を専門の業者から仕入れていて、何かのアニメがヒットすれば、その作品の関連グッズが人気になるし、あるキャラクターが話題になると、どのゲームセンターもこぞってそのキャラクターの景品を充実させる。
　一方「エブリデイ」では、そうした一般的な景品を入れたクレーンゲーム機も用意しているが、それとは別に"アームにすべり止めをつけて絶対に滑らないようにした、合格祈願キャッチャー"、うどんやレトルトカレー、さつまいもといった"ご当地名産キャッチャー"など、メディアが取り上げる価値があると感じるオリジナルの景品を自分たちで考案し、それを実際に店に置いている。
　そして、その情報をプレスリリースで配信してテレビや雑誌に露出し、結果的に来客数を増やす……。
　こういった、競合他社がどこもマネできない独自のアプローチが、この2年ですっかり定着したようだ。
　ちなみに、本物の天然石を100円のクレーンゲームで景品にできるのは、同社が「リサイクル事業」も手がけているから。
　買い取ったアクセサリーのデザインが古い場合、"石"を外して金属部分を溶かし、それをインゴットにして販売するので、商品にならない"裸の石"がいくつも生まれる。これを景品に転用しているわけだ。

　2つ目の特徴は"スピード感"。
　細かいものから大きなネタまで景品やイベントを次々と発案し、その情報を発信。多いときには月に4回もプレスリリースを配信している。

社内の「専門家」が店でもメディアでも大活躍

　3つ目の特徴は、社内で「専門家」を育てていること。
「弊社には現在、クレーンゲームの技術に長けた"クレーンゲームアドバイザー"が4名いて、お客様が景品をとれるようにアドバイスをしています。このような接客をしているゲームセンターは、ほかにないでしょうね。"クレーンゲームアドバイザー"はテレビのバラエティ番組などでもひっぱりダコです。社長の中村も『マツコの知らない世界』に出演して、マツコさんにクレーンゲームのコツを伝授しました（緑川さん）」。

　外部の専門家と契約して、自社の製品やサービスをアピールしてもらう企業が多いが、"ようやく有名になったところで、競合他社に引き抜かれてしまった"といったケースが少なくないので、自社の社員を専門家に育てて売り出すスタイルが断然おすすめだ。

　同社では「リサイクル事業」でも宝石鑑定の専門家を育成。海外旅行が増えるゴールデンウィーク前に各店で真贋教室を実施していることもあって、テレビの情報番組などへの出演依頼も多い。

　ちなみに「宝石キャッチャー」の企画を考案したのも、宝石鑑定の資格を持つ同社の社員なのだそう。社内に専門家を抱えていると、企画作りにおいても力を発揮することが期待できる。

　マスコミの注目を集める景品やイベントを考え出す企画力、普通の企業なら会議室で盛り上がるだけで終わってしまうような企画を即座に実現してしまう行動力とスピード感などを武器に、着実に実績を上げている同社の広報活動。これからもその活動を戦略的にすすめていく予定だという。

おわりに

　低コストで最大のパフォーマンスが発揮でき、経営の品質が高まり、売上利益にも寄与する。
　私はこの素晴らしい経営手法「戦略広報」をたくさんの企業に知らせたい一心で、広報のプロとしての仕事に取り組んできました。

　これまで、およそ10年の間に私が「戦略広報」の導入を指南した企業は約160社。そのほとんどで「戦略広報」は一定の成果をおさめています。
　なかには、テレビや新聞でよくお目にかかる"メディア頻出企業"へと躍進した企業もありますし、"おかげでヒット商品が生まれました"と喜んでいただくケースが数え切れないほどあります。さらには、「戦略広報」によって、倒産寸前の瀕死状態から見事に立ち直った企業もあります。
　コンサルタント冥利に尽きるとは、まさにこのことでしょう。

　このように多くの結果を出している「戦略広報」を、より多くの企業（とくに中堅企業）の経営者や、広報部でがんばっている方たちに伝えたい、という私の思いを理解してくださった著者エージェントで、ランカクリエイティブパートナーズ株式会社 代表取締役 渡辺智也さんのご尽力により、このように書籍化を実現することができました。心より感謝しております。またご多忙の中、取材に対応していただいた企業の皆様にも、この場を借りて厚く御礼申し上げます。

　この手法を"正しい方向性で""正しい努力により"導入され、多くの企業がその威力を享受されることを、心より願っています。

参考文献

『無料で１億人に知らせる　門外不出のPR広報術101』井上岳久（明日香出版社）

『マスコミが思わず取り上げたくなるPR㊙戦略』井上岳久（インデックス・コミュニケーションズ）

「実践！　プレスリリース道場　完全版」井上岳久（宣伝会議）

『広報・パブリックリレーションズ入門』猪狩誠也（宣伝会議）

『広報入門　プロが教える基本と実務』雨宮和弘、井上岳久、大島幸男、河井孝仁、君島邦雄、田中正博、中川淳一郎、福田浩至、藤森元之（宣伝会議）

『絵解き　広報活動のすべて　プレスリリースの作り方からメディア対応まで』山見博康（PHP研究所）

『広報・PR　実務ハンドブック』山見博康（日本能率協会マネジメントセンター）

● 著者紹介

井上岳久 （いのうえ　たかひさ）

井上戦略PRコンサルティング事務所 代表。
数年先までコンサルティング依頼が殺到している経営コンサルタント。広報改革で企業を活性化へ導く「メディア頻出企業請負人」「広報部の機能強化及び変革の第一人者」と言われている。

1968年生。商社などに勤務後、横濱カレーミュージアム・プロデューサーを経て現職に至る。横濱カレーミュージアムの立ち上げから携わり、2002年11月に代表に就任し、入館者数減少に悩む同館をわずか1年で復活に導く。年100回以上のイベントを実施し週2～3回のリリースを配信するという独自のPR理論に基づいて実施し大成功を収める。 06年11月に退任し、現事務所を開設し広報を中心にした経営指導を実施している。

現在、年間10社限定で企業の広報コンサルティングを実施しメディア頻出企業に育て上げることをミッションとしている。加えて、経団連、宣伝会議などで年間100回以上の講演をこなす。また、JR東日本、沖電気、朝日新聞などの大企業及び国土交通省、熱海市、横須賀市などの全国の行政の研修も担当。これまで広報トレーニングを受けた人は10,000名を超え、指導先は中央官公庁や地方自治体から大学、大企業、各種業界団体、中小企業まで1,000社以上にわたる。

著書は『実践！プレスリリース道場(完全版)』(宣伝会議)、『マスコミがおもわず取り上げたくなるPR㊙戦略』(インデックス・コミュニケーションズ)、『咖哩なる広報』（ごきげん出版）、『カレーの経営学』（東洋経済新報社）、『人生を変えるプレゼン術』（朝日新書）など多数。宣伝会議『広報会議』の人気連載「実践！プレスリリース道場」を10年以上続けていることでも有名。
事業創造大学院大学客員教授、昭和女子大学・現代ビジネス研究所 研究員。株式会社カレー総合研究所所長、カレー大學学長。中小企業診断士。慶應義塾大学及び法政大学卒。

編集協力　木村美幸
企画協力　ランカクリエイティブパートナーズ株式会社

広報・PRの実務
組織づくり、計画立案から戦略実行まで

2017年9月10日　　初版第1刷発行
2021年8月30日　　　　第2刷発行

著　　者——井上岳久
　　　　　　©2017　Takahisa Inoue
発 行 者——長谷川 隆
発 行 所——日本能率協会マネジメントセンター
〒103-6009　東京都中央区日本橋2-7-1　東京日本橋タワー
TEL　03(6362)4339(編集)／03(6362)4558(販売)
FAX　03(3272)8128(編集)／03(3272)8127(販売)
https://www.jmam.co.jp/

装　　丁——藤塚尚子(デジカル)
本文DTP——株式会社明昌堂
イラスト——内山弘隆
印刷所——シナノ書籍印刷株式会社
製本所——株式会社三森製本所

本書の内容の一部または全部を無断で複写複製(コピー)することは、法律で認められた場合を除き、著作者および出版者の権利の侵害となりますので、あらかじめ小社あて許諾を求めてください。

ISBN 978-4-8207-5997-3 C2034
落丁・乱丁はおとりかえします。
PRINTED IN JAPAN

JMAMの本

改訂2版
ネット広告ハンドブック

徳久昭彦　永松範之　編著

市場動向と関係各社の役割、ネット広告商品や手法、アドテクノロジー、業務フローと実務ポイント、広告測定効果、これからのマーケティングの進化……。ネット広告に関わる人であれば必ず押さえておきたい実務と知識の基本を完全網羅した一冊。最新事情を多数加えた大改訂版です。

A5判296ページ

日本能率協会マネジメントセンター

JMAM の本

SNS×メディアPR100の法則

笹木郁乃 著

10年前に比べ、1日の情報摂取量が410倍といわれている今、やみくもに発信、広告を増やしても埋もれてしまいます。著者がこれまで4000人以上の経営者や起業家、広報担当者に伝授してきた、人脈・お金・センスがなくても、誰でもできるPRのノウハウのエッセンスを学ぶことができます。

四六版並製248ページ

日本能率協会マネジメントセンター

JMAM の本

ニュースリリース大全集

山見博康 著

広報実務担当者が見たいと思っていた本物のニュースリリースを一挙掲載。企業、自治体、大学、団体、あわせて210の最新実例を集めました。また広報の第一人者である著者による「推奨3ポイントコメント(YES×2、BUT×1)」で各々のニュースリリースのポイントを学ぶことができます。

A5判672ページ

日本能率協会マネジメントセンター